Karlheinz Martin

Kanuwandern in Mecklenburg-Vorpommern

36 ausgewählte Touren zwischen Oder und Elbe

Zweite, überarbeitete Auflage

BLV

Bildnachweis
Titelbild: Auf der Müritz vor Schloß Klink (Tour 30)
Seite 2: Durch das romantische Lindetal bei Neubrandenburg (Tour 16)

Fotos und Flußkarten: Bärbel und Karlheinz Martin

Umschlaggestaltung: F & H Werbeagentur GmbH, München

Lektorat:
Marianne Faiss-Heilmannseder

Layout/Herstellung:
Friedrich Wilhelm Bonhagen

Schriftliche und bildliche Darstellungen dieses Werkes erfolgten nach bestem Wissen und Gewissen des Autors. Die Befahrung der Flüsse und Seen nach diesen Vorschlägen geschieht auf eigene Gefahr. Eine Haftung wird nicht übernommen.

BLV Verlagsgesellschaft mbH
München Wien Zürich
80797 München

Gesamtherstellung: Ludwig Auer GmbH, Donauwörth

Gedruckt auf chlorfrei gebleichtem Papier

Printed in Germany
ISBN 3-405-14758-1

Dank
Meiner Frau Bärbel, die mich auf allen Touren durch Mecklenburg begleitete. Sie hat alle Tourenskizzen dieses Buches gezeichnet und viele der Fotos geschossen.
Unserem Freund Heinrich Nejedly und seiner Frau Mirka, die uns ermuntert haben, dieses Buch zu schreiben und uns dabei von Herzen mit Rat und Tat halfen.
Den Sportfreunden unseres Kanu-Vereins Motor Süd Neubrandenburg sowie den Organisatoren und Teilnehmern vieler Gemeinschaftsfahrten, die uns auf den Touren begleiteten, Informationen vermittelten und die Fotos belebten.

Die Deutsche Bibliothek – CIP-Einheitsaufnahme

Martin, Karlheinz:
Kanuwandern in Mecklenburg-Vorpommern: 36 ausgewählte Touren zwischen Oder und Elbe / Karlheinz Martin. – 2., überarb. Aufl. – München; Wien; Zürich: BLV, 1994
ISBN 3-405-14758-1
NE: HST

Karlheinz Martin

Kanuwandern in
Mecklenburg-Vorpommern

Inhalt

Übersichtskarte

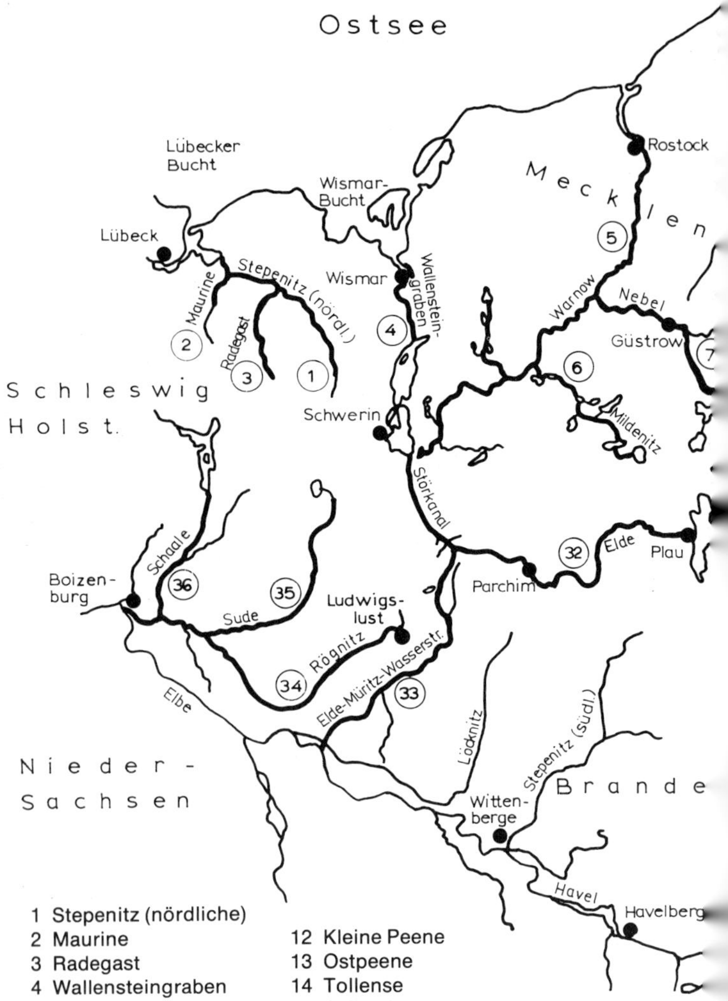

1 Stepenitz (nördliche)
2 Maurine
3 Radegast
4 Wallensteingraben
5 Warnow
6 Mildenitz
7 Nebel
8 Recknitz
9 Barthe
10 Peene
11 Trebel
12 Kleine Peene
13 Ostpeene
14 Tollense
15 Aalbach
16 Linde
17 Zarow
18 Ücker
19 Strom
20 Havel
21 Obere Havel
22 10-Seen-Rundfahrt
23 Rätzsee-Rundfahrt
24 Rheinsberger Seen

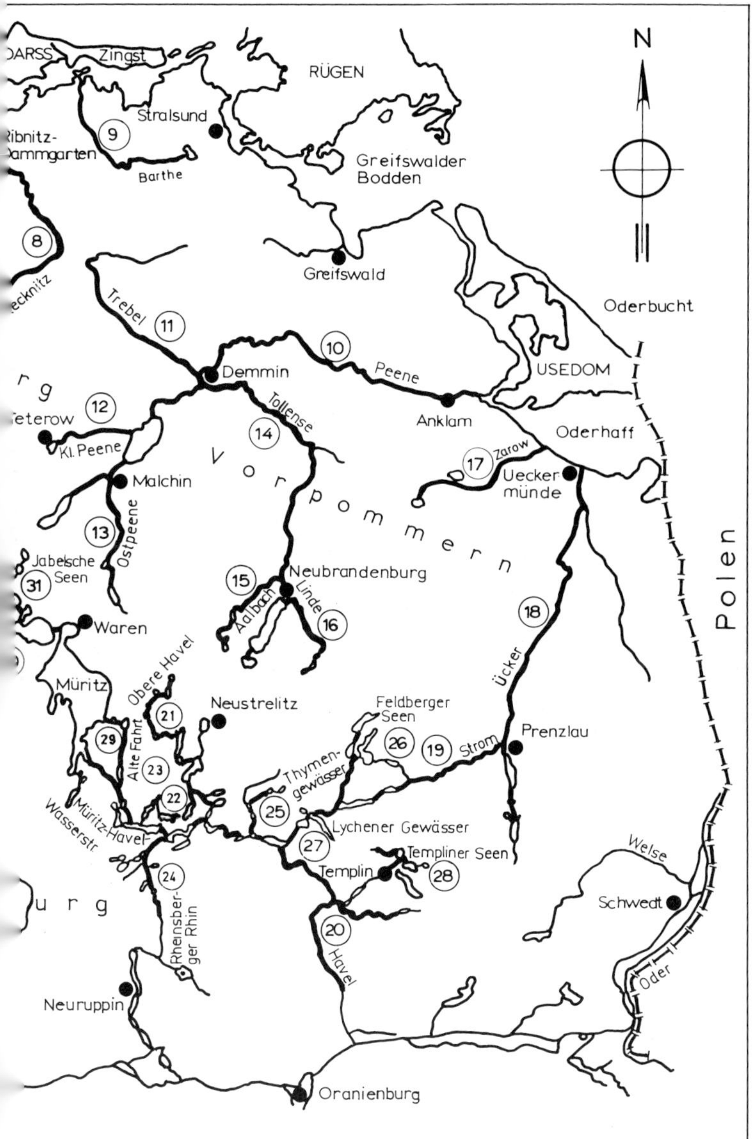

25 Thymensee-Rundfahrt
26 Feldberger Seen
27 Lychener Gewässer
28 Templiner Seen
29 Alte-Fahrt-Runde
30 Obere Elde
31 Jabelsche Seenkette
32 Elde-Stör-Kanal
33 Müritz-Elde-Wasserstraße
34 Rögnitz
35 Sude
36 Schaale

Einführung

Mecklenburg-Vorpommern, das nördlichste der fünf neuen Bundesländer, ist das am dünnsten besiedelte. Der alte Fürst von Bismarck meinte schon vor 100 Jahren, daß es ratsam sei, vor dem Weltuntergang in diese Region zu ziehen, da hier alles 50 Jahre später geschähe. Was für ein Glück für die Natur, die hier zum überwiegenden Teil von zerstörenden Einflüssen der wirtschaftlichen Erschließung verschont blieb!

Seine vielfältige Gestalt verdankt das Land der Weichseleiszeit. Als das Eis vor 10 000 Jahren zurückging, hinterließ es die Endmoränen – Hügelketten und eine wellige Landschaft, in der auch hier und da ein Findlingsblock liegen blieb, sowie viele große und kleine Wasserflächen. Zur Freude der Wasserwanderer gibt es neben einem Dutzend großer Seen auch unzählige kleinere, ja ganze Seenketten. Verbunden sind sie durch verschiedenste Wasserläufe – kleine, muntere Bächlein und Wassergräben, breite Schiffahrtskanäle und Flüsse.

Ausgedehnte Wälder schmücken dieses Paradies, in dem man mit dem Boot wochenlang quer durchs Land paddeln und dabei zu jeder Jahreszeit viele Schönheiten in der Natur entdecken kann. Von wenigen Ausnahmen abgesehen, ist das Wasser überall so sauber, daß es Freude macht, darin zu baden. In klaren Seen beobachteten wir vom Boot aus in einigen Metern Tiefe große und kleine Fische zwischen den Wasserpflanzen.

Nennenswerte Industrie gibt es hier nicht, und die Landwirtschaft wird besonders in Wassereinzugsgebieten zunehmend eingeschränkt. Immer mehr besinnt man sich nun auf das Erholungswesen. Außer sauberem Wasser und gesunden Wäldern sind es die natürlichen und architektonischen Kostbarkeiten, die kleinen Städte und idyllischen Dörfer und nicht zuletzt die gastfreundlichen Menschen, die den Touristen anziehen. So ist man bemüht, einerseits durch Ausbau der Verkehrswege, der Zeltplätze und Ferienhotels den Tourismus zu fördern, andererseits die schöne Landschaft nicht zu verbauen.

Mecklenburg-Vorpommern hat mehr als 10% seines Territoriums unter Naturschutz gestellt und ist damit an der Spitze aller Bundesländer. Dieses Buch soll auch als ein Beitrag dazu verstanden werden, daß sich Wasserwanderer hier sachverständig verhalten können. Keiner sollte wild drauflospaddeln, um ein Gewässer zu »bezwingen«, sondern sich so vorbereiten und verhalten, daß er die Natur vor Schaden bewahrt und ihre Schönheiten zu erkennen vermag.

Sicher ist die vorliegende Auswahl von 36 Touren subjektiv. Sie entspricht nicht immer dem Gewässerführer oder dem Wasserwanderatlas, und auch die Beurteilung von Schwierigkeiten und Naturschönheiten kann bei jedem Kanuten anders ausfallen. Wir wollen unsere Erkenntnisse aus 35 Jahren und die Erfahrungen vieler Kanuten, mit denen wir diese Touren oft mehrmals gepaddelt sind, mitteilen und verstehen die Beschreibungen als Vorschläge zur rationellen Fahrtenplanung.

Die Erstauflage dieses Buches entstand in den Jahren 1990/91. 1993/94 wurden alle wichtigen Informationen auf ihre Aktualität hin noch einmal überprüft. Mit der Öffnung der deutschen Grenze und der Freigabe vormals gesperrter Gewässer wurden auch neue Touren möglich. Die darauf folgende rasante Entwicklung bringt für alle Touristen viele Neuerungen mit sich, die wir auch weiterhin aufmerksam registrieren werden.

Die Fotos im Buch vermitteln nur einen sehr begrenzten Eindruck von der Vielfalt der Landschaft – jeder Paddler weiß, wie schwer es ist, die schönsten Erlebnisse mit dem Apparat einzufangen. Die Tourenskizzen sind schematisierte Darstellungen als Ergänzung zu den Beschreibungen und ersetzen keinesfalls die aktuellen Landkarten, ohne die man nicht auf Fahrt gehen sollte.

Über Sicherheitsanforderungen, die Sportbootanordnung und die Schiffahrtsregeln, über das umweltschutzgerechte Verhalten und den Naturschutz sowie die richtige Boots- und Zeltausrüstung sollte sich der Anfänger in einschlägiger Kanu-Literatur informieren. Die Beherrschung des Bootes kann er auch allein üben – allein auf Wanderfahrt sollte er jedoch nicht gehen. Gut beraten ist jeder Paddler, der sich einem der zahlreichen Wasserwandervereine des DKV anschließt. Sowohl bei den organisierten großen Fahrten des jährlichen DKV-Programms als auch bei den kleinen Vereins- und Gruppenfahrten sieht und hört man von erfahrenen Sportkameraden allerlei und hat dann auf den folgenden Unternehmungen um so mehr Freude.

Jeder Wasserwanderer erwartet etwas anderes von seiner Tour: Mag es der eine schnell, sportlich und wild oder ist besonders stolz auf viele Paddel-Kilometer, denken andere mehr an Naturbeobachtungen, Sehenswürdigkeiten, Sonnenbaden und Lagerfeuerromantik. Jedem will dieses Buch eine Hilfe sein.

Bärbel und Karlheinz Martin

Enkel Max darf mit auf die Rundfahrt.

1

Stepenitz (nördliche)

Gottmannsförde – Dassow
_53 km_
2-Tage-Fahrt
Ostseezufluß

Diese Tour unternahmen wir zusammen mit vielen anderen Paddlern Ende März 1991 unter Leitung erfahrener Schweriner Kanuten. Im Dorfkrug »Unter den Linden« von Börzow, westlich von Grevesmühlen, direkt an der Mündung der Radegast in die Stepenitz gelegen, trafen wir uns und fanden ein gutes Quartier im Gemeindesaal. So eine Gemeinschaftsfahrt hat viele Vorteile: Mit mehreren Pkw lassen sich alle Boots- und Gepäcktransportfragen leichter lösen, der Veranstalter kann das Wehr in Mühlen-Eichsen etwas öffnen lassen, und auf dem Zuschußwasser ist die Fahrt um einiges angenehmer.
In Gottmannsförde wird abgeladen. Gleich nach dem Wehr am Stausee ist ein günstiger Platz für Boote und Autos. Nach anfänglichem Gedränge auf dem Fließ in Gebüsch und Sumpf ordnet sich die bunte Paddlermeute auf dem langgestreckten, schönen Cramoner See. Wir beobachten Kraniche und Schwäne, später auch die scheuen Fischreiher. Scharen von Graugänsen ziehen über uns hin, und an geschützten sonnigen Stellen leuchten erste kleine Blümchen. Am Ende des Sees sehen wir rechts die gotische Kirche von Cramonshagen und links die Schönfelder Mühle. Dort tragen wir das erste Mal ein Wehr links um, und weiter geht es mit geringer Strömung bei ausreichendem Wasserstand durch das Sumpfgebiet des Hegerholzes bei Dalberg zum Wendelstorfer See und zum Großen Eichsener See.
Nach dem Wehr von Mühlen-Eichsen (links umtragen) stärken wir uns an einem Imbißstand neben der Dorfkirche. Nun wird die

Start zur Gemeinschaftsfahrt auf der Stepenitz.

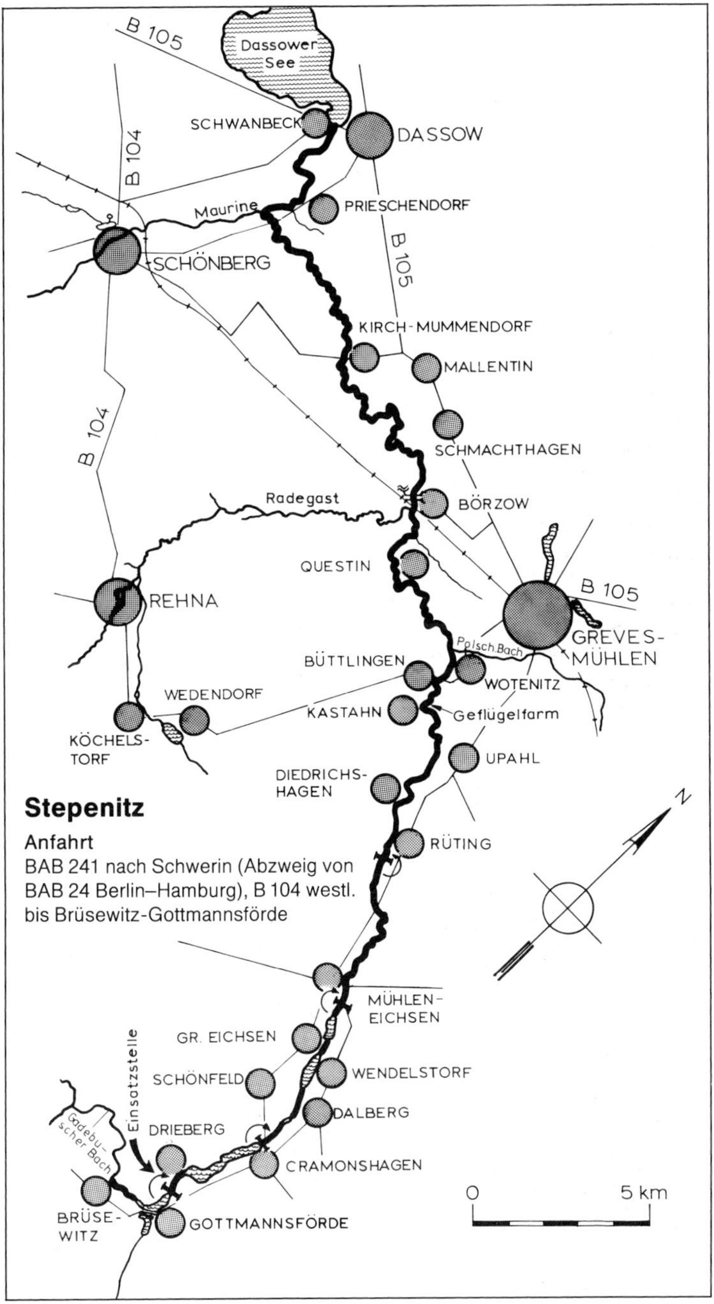

Stepenitz

Anfahrt

BAB 241 nach Schwerin (Abzweig von BAB 24 Berlin–Hamburg), B 104 westl. bis Brüsewitz-Gottmannsförde

In Schlangenlinie paddeln wir durch die Mäander.

Stepenitz lebhafter. Bei flotter Strömung und vielen Kurven müssen wir auch immer wieder auf große Steine im Flußbett achten, aber zum Aussteigen werden wir erst wieder in Rüting (Fußgängerbrücke und Mühlenwehr rechts umtragen) gezwungen. Später windet sich der Fluß rings um das Dorf Diedrichshagen, wohl damit man von allen Seiten auf die schöne große Dorfkirche mit ihrem hellglänzenden, achteckigen Turm blicken kann. Auf einer sonnigen Wiese legen wir hier noch eine Rast ein.

3 km danach, beim Ort Kastahn, ist die Stepenitz plötzlich gesperrt. Dreimal hintereinander hängen Kunststoffbahnen dicht nebeneinander an Querbalken bis in den Fluß. Eine Geflügelfarm hält damit ihre Enten und Gänse beisammen. Mit etwas Anlauf können wir durch die Lücken fahren. Nach der Straßenbrücke Wotenitz–Büttlingen fließt die Stepenitz in einem kurvenreichen Graben durch eine Feld- und Wiesenlandschaft. Wer nun noch nicht weiß, was Mäander sind, der lernt sie auf dem folgenden Abschnitt bis zur Mündung der Radegast (von links), kurz vor der Eisenbahnbrücke der Linie Lübeck–Grevesmühlen, kennen. Immer mal wieder sehen wir die Spitze der Dorfkirche von Börzow, unserem Tagesziel, aber ebenso oft folgen wir wieder einer Flußschlinge und verlieren die Orientierung. Etwa 2 km vor Börzow fallen uns rechter Hand zwei mit großen Eichen bewachsene Hügel auf. Es sind die Turmhügel von Teschow (genannt »Holzhof«), die Reste von befestigten Herrensitzen derer von Bernstorff aus dem 13. bis 16. Jahrhundert, ein heute noch bekanntes Grafengeschlecht. Nach einem schönen langen Schwall unter der Eisenbahnbrükke beenden wir die Tour fürs erste kurz vor der nächsten Brücke.

Die Weiterfahrt auf der Stepenitz

haben wir uns für ein Wochenende im Mai vorgenommen. Ab Börzow reicht das Wasser auch im späten Frühjahr noch aus, um im Zweier allein und mit etwas Gepäck zu paddeln. Nach Aufnahme der Radegast ist der Fluß breiter und tiefer. Bis nach Kirch-Mummendorf können wir noch mit guter Strömung rechnen. Wehre und andere Hindernisse sind nicht mehr zu erwarten, und nur unter Straßenbrücken entsteht durch Steine ein kleiner Schwall.
Nach 17 km kurvenreicher Fahrt haben wir die Mündung der Maurine erreicht (Tour 2). Sie liegt schon in Meereshöhe, so daß wir die letzten 5 km bis Dassow auf stehendem Wasser durch eine sumpfige Niederung paddeln. An der Straßenbrücke (B 105) steigen wir rechts aus und beenden die Tour.

Charakter, Tips

Ein »Frühjahrswässerchen« – so nennen es die Schweriner Wanderpaddler treffend. Die Stepenitz gehört zum Kreis der Kleinflüsse im westlichen Mecklenburg, die so schmal sind, daß sie nur im Frühjahr gefahren werden sollten, also solange noch ausreichend Wasser über die zahlreichen Hindernisse und durch die vielen Kurven und Mäander fließt und die engen Stellen durchschaubar und nicht von Gebüsch und Pflanzen zugewachsen sind. Wer so ein schnell fließendes, fast unreguliertes Flüßchen (nur vier Wehre) liebt, sollte besser im Kunststoffeiner fahren. Zweier, auch Canadier sind möglich, erfordern aber in den engen Kurven viel Aufmerksamkeit und Kraft.
Einsatzstellen sind Brüsewitz (Nähe Sportplatz) in den Gadebuscher Bach, nach dem Wehr am Stausee von Gottmannsförde und am Ferienlager in Cramonshagen.
Bis Mühlen-Eichsen (10 km von Gottmannsförde, zwei Wehre) windgeschützte, schmale Seen, dann bis Börzow (ca. 21 km, ein Wehr) eng, kurvenreich, aber gute Strömung und einige Schwälle. Nach dem Zufluß der Radegast bei Börzow lassen sich die 22 km bis zur Mündung in den Dassower See ganzjährig auch im Zweier befahren. Dort sind immer noch zahlreiche Kurven, aber nicht mehr so eng, kaum noch Hindernisse oder Steine und Schwallstrecken nur noch unter Straßenbrücken zu finden.
Das Gefälle beträgt von Gottmannsförde (44 m ü.N.N.) bis Mühlen-Eichsen 5 m, von da bis Börzow (7 m ü.N.N.) immerhin 32 m. Ab Kirch-Mummendorf nimmt die Strömung ab. An der Mündung der Maurine (von Schönberg) hat sie Meereshöhe erreicht. Von Dassow ist die Weiterfahrt nördlich nach Travemünde/Timmendorfer Strand oder westlich auf der Trave nach Lübeck möglich.
Offizielle Zeltplätze gibt es in dieser Gegend nicht. Private Unterkünfte oder Zeltmöglichkeiten kann man in Grevesmühlen, Mühlen-Eichsen, Börzow und Dassow finden. Per Bahn sind nur Grevesmühlen oder Schönberg als nächste Städte erreichbar. Die An- und Abreise kann nur mit Kfz erfolgen.

Sehenswertes

Grevesmühlen: Alter Stadtkern (13. Jh.); Mauer mit Wiekhäusern und 3 Stadttoren; Stadtkirche St. Nikolai (13. Jh.), gotischer Backsteinbau.
Diedrichshagen: Neugotische Dorfkirche (15. Jh.) mit reicher Ausstattung, der 8seitige, hohe Helm wurde mit hellem kanadischen Zedernholz neu gedeckt.
Mühlen-Eichsen: Dorfkirche (14. Jh.), Backsteingotik.
Dassow, Börzow, Kirch-Mummendorf: Frühgotische Dorfkirchen (13. Jh.), Feld- und Backsteinbauten.

Karten, Kanu-Literatur

Generalkarte Ost, 1:200 000, Blatt 1.
DKV-Gewässerführer für Ostdeutschland, Abschnitt 4.1.

2

Maurine

Carlow – Dassow
22 km
Tagesfahrt
Nebenfluß der Stepenitz

Die Maurine hat ihren Ursprung in den Feldern um Klein Rünz und wird bei Carlow durch den Stover Mühlenbach und den Abfluß vom Roggeliner See zu einem im Frühjahr besonders reizvollen Paddelfluß verstärkt. Aufgrund der ehemaligen Ost-West-Grenze (Sperrgebiet ab Schönberg) ist sie jahrelang wenig beachtet worden. Wegen allerlei Hindernissen im Flußlauf und schwierigen Umtragestellen muß der Kanute jedoch Verständnis und Sportlichkeit mit-

Mit gegenseitiger Hilfe nehmen wir manches Hindernis.

Maurine

Anfahrt

B 104 von Schwerin bis Rehna, B 208
Richtung Lübeck bis Carlow

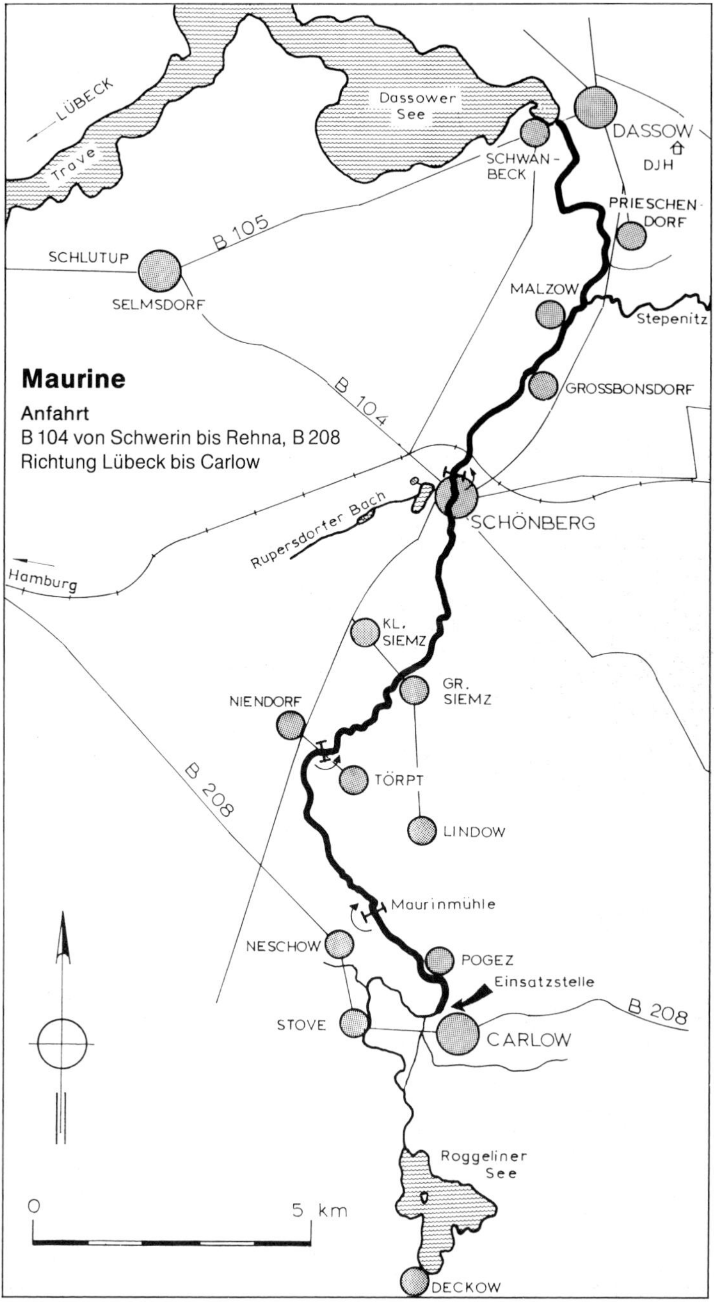

bringen. Die Maurine ist nichts für eine gemütliche Paddeltour. Allein sollte man solche Wildflüsse nicht befahren.
Wir setzen nördlich von Carlow an der Straßenbrücke nach Pogez ein. Die anfangs harmlose Maurine entpuppt sich bald als steinreiches Gewässer, und mit Beginn der Uferbewaldung versperren uns tief hängendes Buschwerk und mancher umgestürzte Baum den Weg auf dem Wasser. Nach 3 km tragen wir an der Maurinmühle um. Grausige Sagen ranken sich um diese seit 1377 bestehende Mühle – »Mordmühle« hieß sie früher! Damals führte noch die alte Handelsstraße von Lübeck nach Schwerin hier vorbei.
Weitere 6 km geht es in teilweise recht flotter Fahrt mit vielen Unterbrechungen bis nach Groß Siemz durch abwechslungsreiche, hügelige Landschaft. Die folgenden 3 km sind teils begradigt und führen durch weite, versumpfte Wiesen nach Schönberg, eine liebenswerte Mecklenburger Kleinstadt. Wir legen gleich an der ersten Straßenbrücke an und brauchen dann nur 300 m bis zum Marktplatz der Altstadt zu gehen. Sie konnte ihr geschlossenes Stadtbild bis in die Gegenwart bewahren, was durch die Bürgerhäuser des 18. und 19. Jahrhunderts besonders geprägt wird. Schädigend für das Ansehen Schönbergs hat sich die 4 km westlich gelegene, umstrittene Sondermülldeponie ausgewirkt, obwohl die Stadt davon fast unberührt bleibt.
Nach Mühle und Eisenbahnbrücke liegt der »Hafen« Schönbergs. Die 8 km bis Dassow können wir nun (wenn nicht gerade Gegenwind über die flache Sumpfniederung streicht) ohne Unterbrechung durchziehen. Strömung haben wir kaum noch zu erwarten, denn schon auf halber Strecke, an der Mündung in die Stepenitz (0,5 km nach Malzow links abbiegen!), haben wir Meereshöhe erreicht. An der Straßenbrücke vor Dassow, vor der Mündung in den Dassower See (Weiterfahrt nach Travemünde–Lübeck möglich) beenden wir die Tour.
Wohl dem, der hier ein Auto stehen hat, denn die Rückfahrt nach Carlow über Schwanbeck, Schönberg, Radingsdorf (B 208) wäre nur per Bus (verkehrt selten) oder Anhalter (mit Glück) möglich.

Charakter, Tips

Von Carlow bis Schönberg (14 km) haben wir es mit einem urwüchsigen, schmalen Wildfluß zu tun. Mit flotter Strömung (22 m Gefälle, drei Wehre, kaum Mäanderbildung) fließt er durch Wiesen, hügeliges Ackerland und kleine, sumpfige Wälder. Viele Baumhindernisse, anfangs auch Steine. Nur im Kunststoffeiner befahrbar.
Ab Schönberg (Eisenbahn, Mühle) ist die Maurine schiffbar. 4 km danach mündet sie in die Stepenitz (noch 4 km bis Dassow, siehe Tour 1).
Es gibt keine offiziellen Zeltmöglichkeiten; Unterkünfte findet man in Carlow und Schönberg. Jugendherberge in Dassow-Holm Tel. 038826/6 14.
Bahnverbindung nur in Schönberg, Entfernung zur festen Landstraße bis 2 km.

Sehenswertes

Schönberg: Pfarrkirche St. Lorenz und St. Katharina (14. Jh.), Backsteingotik; Heimatmuseum (Ratzeburger Trachten und Schmuck); Bechelsdorfer Schulzenhaus (Fachwerkwohnhaus 16. Jh., Museum).

Karten, Kanu-Literatur

Generalkarte Ost, 1:200 000, Blatt 1 B 9–10.
DKV-Gewässerführer für Ostdeutschland, Abschnitt 4.1.1

3

Radegast

Gadebusch – Börzow
_33 km_
Tagesfahrt
Nebenfluß der Stepenitz

Ob der Name des Flusses etwas mit dem Hauptgott der Wenden, »Redegast«, zu tun hat, haben wir nicht herausbekommen. Ihren Ursprung hat die Radegast etwa 3 km südlich von Gadebusch in einem Wäldchen bei Wakenstädt in 30 m ü.N.N.

Wir lassen unsere Autos auf dem Parkplatz bei Gadebusch stehen und rutschen mit den Kajaks in das gerade 3 m breite Flüßchen. Schnell werden wir davongetragen und sind schon nach 2 km im sehr flachen Neddersee. Sicher hat dieser kleine See schon viele Jahre die Abwässer von Gadebusch zu ertragen. Gasblasen steigen auf, wenn wir mit dem Paddel zu tief in den Schlamm tauchen.

Entschädigt werden wir mit der Fahrt durch den folgenden schönen Flußabschnitt. Hier windet sich die Radegast durch ein sumpfiges Tal mit Mischwaldbestand (LSG). Viele Haselnuß- und Weidenbüsche strecken sich uns entgegen, und auch die ersten Sumpfdotterblumen sind zu sehen.

Unter der Straßenbrücke von Holdorf gibt es die einzigen Hindernisse auf der Strecke – ein paar Stein- und Holzreste, auf denen man hängen bleiben kann. Bald nähern wir uns einem Mischwald und steigen nach einer Spitzkehre gleich am Anfang links an Land, machen auf einem Steilufer Rast und sehen von dort aus zu, wie andere Paddler durch die Flußmäander schaukeln. Auch das nächste Wäldchen rechts (Krähenhorst) bietet viele solcher schönen Plätze. Noch ein paar Flußwindungen, und wir haben Rehna erreicht. Gleich nach der ersten Straßenbrücke (Durchfahrtshöhe ca. 50 cm) steigen viele Kanuten rechts an Land und beenden die Tour, weil hier ein günstiger Platz zum Abbauen ist.

Wir wollen weiter und fahren über

Erstes Grün unter den Weiden bei Krähenhorst.

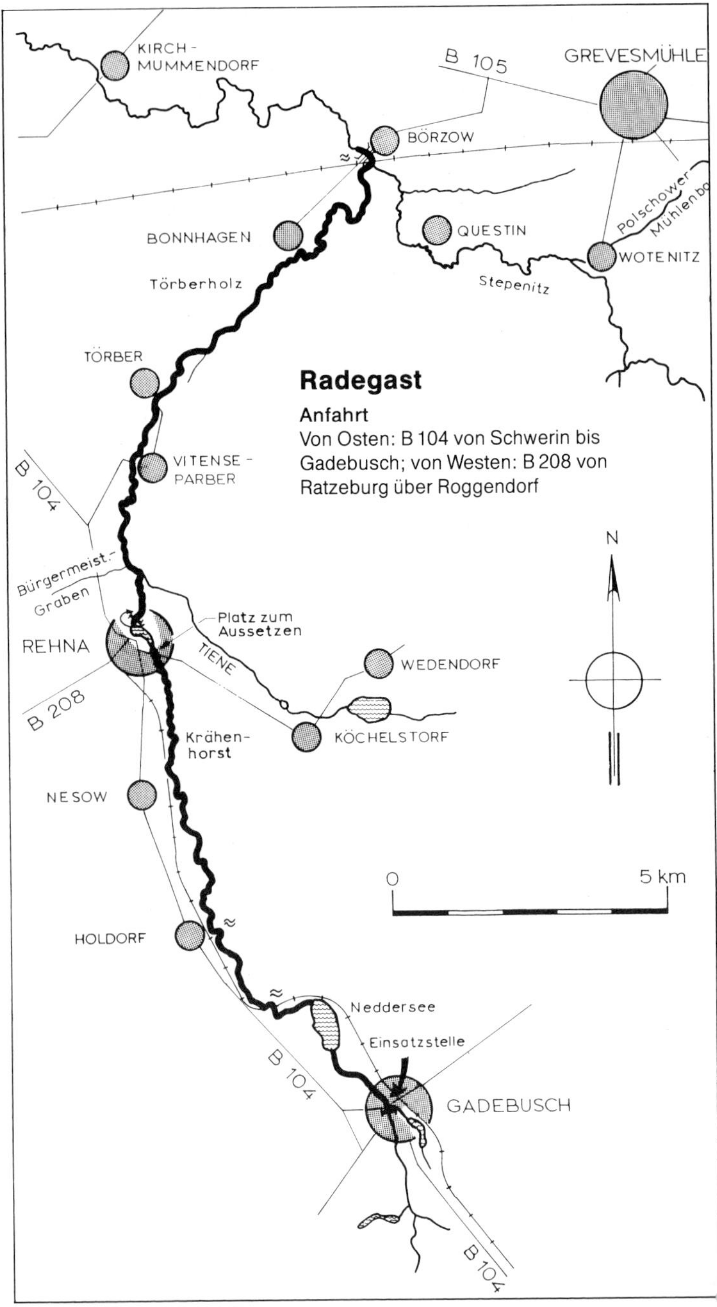
KIRCH-
MUMMENDORF
B 105
GREVESMÜHLE
BÖRZOW
BONNHAGEN
QUESTIN
Polschower Mühlenba
WOTENITZ
Törberholz
Stepenitz
TÖRBER
Radegast
Anfahrt
Von Osten: B 104 von Schwerin bis Gadebusch; von Westen: B 208 von Ratzeburg über Roggendorf
VITENSE-
PARBER
B 104
N
Bürgermeist.-
Graben
Platz zum
Aussetzen
REHNA
TIENE
WEDENDORF
B 208
Krähen-
horst
KÖCHELSTORF
NESOW
0
5 km
HOLDORF
Neddersee
Einsatzstelle
B 104
GADEBUSCH
B 104

den Mühlenteich. Vor dem Beginn des Geländers müssen wir rechts anlanden. Hier lassen wir die Boote liegen und machen einen kurzen Bummel durch die kleine alte Stadt. Dazu reizte uns schon die stattliche Klosterkirche des ehemaligen Benediktinerinnenklosters, die sich im Mühlenteich spiegelte. Sehenswert auch das hübsche Rathaus am Marktplatz mit Rundbogengiebel und Laternentürmchen. In der Gaststätte »Deutsches Haus«, in einem der schönen Fachwerkhäuser, bekommen wir ein gutes Essen.
Vor der Weiterfahrt müssen wir die Boote etwa 300 m links um das rote Mühlengebäude umtragen, bis wir hinter dem Grundstück die Einsatzstelle in die schnell fließende Radegast finden. Bis auf den Baum, der uns schon nach 50 m Fahrt noch einmal zum Aussteigen zwingt, gibt es nun bis zum Schluß kein Halten mehr. Unter den Brükken der Orte Vitense-Parber und Törber sind kleine Steinschwälle. Es fiel uns angenehm auf, daß das überhängende Holz, besonders im landschaftlich reizvollen Wäldchen Törberholz, gut ausgesägt und geräumt war und unsere Fahrt dadurch nicht behindert wurde. Hier und beim kleinen Ort Bonnhagen stehen einzelne schöne Fachwerkhallenhäuser direkt am Ufer. Etwa 2½ Stunden nach dem Einsetzen in Rehna können wir nach ununterbrochener zügiger Fahrt in Börzow an Land gehen und die Fahrt beenden.

Charakter, Tips

Der Fluß gleicht in seinem Charakter der Stepenitz (Tour 1) und gehört deshalb auch zur Kategorie der »Frühjahrswässerchen«. Der mit Kajaks befahrbare Abschnitt von Gadebusch bis Börzow ist nur wenig länger (33 km) als die Stepenitz. Im Oberlauf gibt es nur einen kurzen See (Neddersee bei Gadebusch). Die Radegast ist noch weniger reguliert (starke Mäanderbildung), und außer zufälligen Kleinbrücken oder Baumhindernissen ist nur in Rehna (Mühle ca. 300 m) umzutragen. Sie führt auch mehr Wasser (breiter, tiefer) als die Stepenitz. Besonders nach Zufluß von Tiene (von rechts, vom Wedendorfer See bei Köchelstorf, nicht befahrbar) und dem Bürgermeistergraben (von links) kann sie auch im Kunststoffzweier gefahren werden. Faltboote könnten an den hin und wieder auftauchenden Steinen und flachen Stellen Schaden nehmen.
Von der Einsatzstelle (Parkplatz an der B 104 in Gadebusch) bis nach Rehna sind auf 16 km Strecke etwa 8 m Gefälle und bis zur Mündung in die Stepenitz bei Börzow auf 17 km noch einmal 11 m Gefälle vorhanden.
Offizielle Zeltplätze gibt es in diesem Gebiet nicht. Private Unterkünfte oder Zeltmöglichkeiten kann man in Gadebusch, Rehna, Vitense oder an einer der Förstereien im Törberholz bekommen. Zwischen Gadebusch und Rehna führen Bus und Bahn durch das gleiche Tal. Bis Börzow hingegen kommt man nur auf dem Umweg über Grevesmühlen oder unbefestigte Dorfstraßen.

Sehenswertes

Gadebusch: Stadtkirche St. Jakob und St. Dionysius, spätromanisch, 1220 begonnen, eine der frühesten Backsteinbauten in Mecklenburg; Schloß der mecklenburgischen Herzöge (16. Jh.) auf einer Burg (12. Jh.); Rathaus (17. Jh.), Backsteinbau; Heimatmuseum.
Rehna: Ehem. Benediktinerinnenkloster (1236); Klosterkirche (15. Jh.) mit reicher Ausstattung; Rathaus (19. Jh.) und Fachwerkhäuser am Markt (17.Jh.).
Börzow: Dorfkirche, Feld- und Backsteinbau.

Karten, Kanu-Literatur

Generalkarte Ost, 1:200 000, Blatt 1.
DKV-Gewässerführer für Ostdeutschland, Abschnitt 4.1.2.

4

Wallenstein-graben

Schwerin – Wismar
_40 km_
2-Tage-Fahrt
Ostseezufluß

Zum Glück für uns regierte Herzog Wallenstein (um 1630) nicht lange genug in dieser Region, um das uralte Projekt, die Vollendung eines schiffbaren Wasserweges zwischen Schweriner See und Ostsee, durchzusetzen. Auch die 350 000 Gulden, die der Bau riesiger Schleusen zur Überwindung des Höhenunterschieds (38 m) erfordert hätte, waren nicht aufzubringen. Übriggeblieben ist nur der Name des mittelalterlichen Heerführers für ein kleines Wildflüßchen, das sich in einem Landschaftsschutzgebiet durch Mischwald und Felder von Bad Kleinen nach Wismar schlängelt.

Die Schweriner Kanuten organisieren alle vier Jahre Anfang Mai auf dieser Strecke ihre »Mecklenburg-Fahrt« und laden zur Teilnahme ein. Und so verläuft die Tour: Man trifft sich am Kanubootshaus des Schweriner Theaters auf dem alten Anger, links von der Anlegestelle der »Weißen Flotte«, gegenüber der Schloßinsel. Schloß, Park und die guterhaltene, sehenswerte Innenstadt der alten und nun wieder neuen Landesresidenz können wir uns schon tags zuvor ansehen. Wir paddeln erst einmal nach Osten, vorbei am Landvorsprung »Adebors Näs«, zur Insel Kaninchenwerder und legen an der »Seeklause« (Anlegestelle, Gaststätte, geöffnet 1. 5.–7. 10.) an. Dieses 53 ha große Eiland wurde schon 1923 unter Naturschutz gestellt und blieb trotzdem ein beliebtes Ausflugsziel. Für den Spaziergang auf einem gut markierten Rundweg nehmen wir uns ca. 1 Stunde Zeit und lassen uns von einem Naturschutzbeauftragten die Probleme dieser Region und die Bemühungen um die

Für Faltbootfahrer wird es manchmal zu flach – Durchbruchstal bei Fichtenhusen.

Wallensteingraben

Anfahrt

Von Süden: BAB 241 (Abzweig von BAB 24 Berlin–Hamburg); von Osten und Westen: B 104 (Güstrow oder Lübeck)

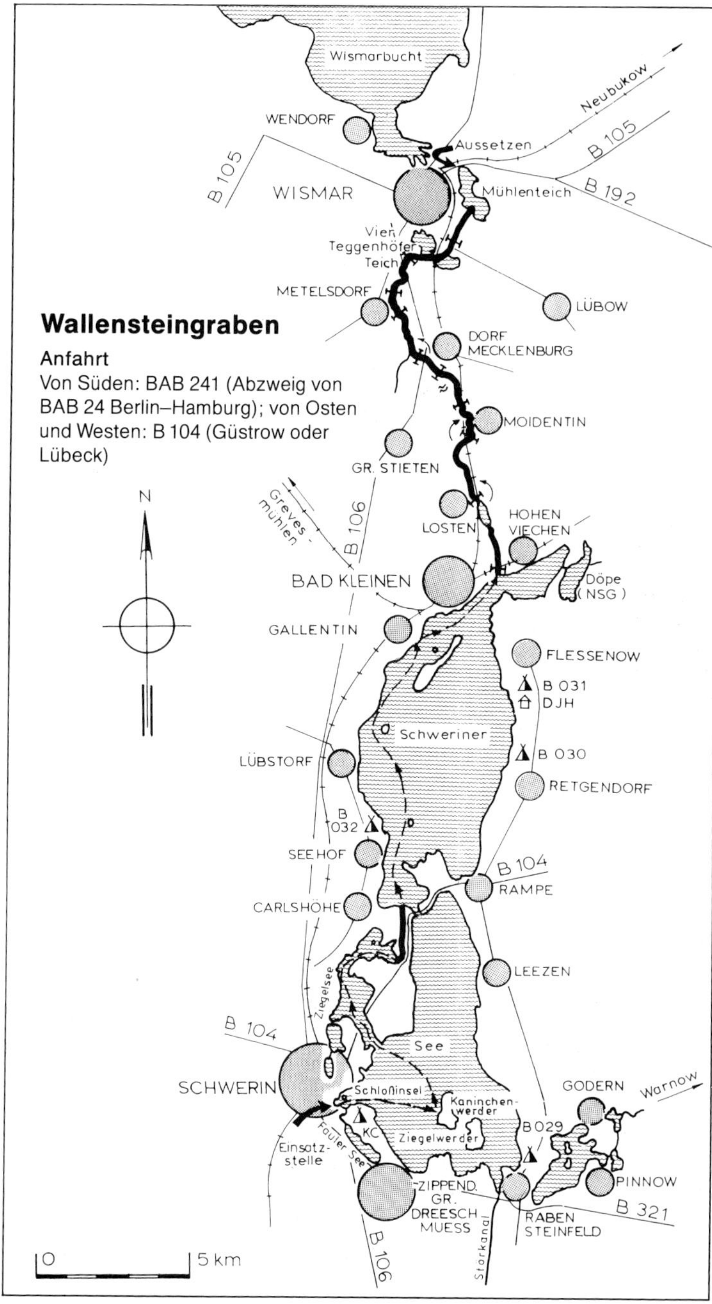

Erhaltung der Tier- und Pflanzenwelt erläutern. Vom alten Aussichtsturm auf dem Jesarberg genießen wir einen herrlichen Rundblick und nehmen dann Abschied von der majestätischen Silhouette Schwerins.
Bald schaukeln unsere Boote wieder auf dem Schweriner See, und da uns die Westwindwellen zu ungemütlich sind, paddeln wir vorbei an den Untiefen »Großer Stein« (Bojen) und »Weißer Berg« nordwestlich in den schützenden Stangengraben, einen Kanal, der über den Heidensee weiter zum Ziegelsee führt. Wir folgen ihm nach rechts und finden ganz am Ende den 2 km »Langen Graben«. Kurz nach der Brücke steigen wir aus und stärken uns in der Gaststätte am Paulsdamm.
Für den folgenden 9 km langen Abschnitt machen wir unsere Boote dicht und seesicher, denn hier fegt der Wind recht heftig übers Wasser quer zu unserer Fahrtrichtung (von West). Erst nach 6 km (nach Lübstorf) schützt uns das bewaldete Ufer wieder etwas. Vom hohen Uferhang schauen zwischen Buchen die Türme des Neorenaissance-Schlosses Wiligrad (erbaut 1819 durch Herzog Albrecht) hindurch. Eine günstige Anlegebucht lockt uns, die Fahrt für einen Bummel ums Schloß mit seinem großen Park zu unterbrechen. Seltene Bäume, Wasserspiele, Denkmäler und viele Kunstwerke erwarten uns hier – eine Kultur-Oase der Mecklenburger Fürsten. Die langgestrecke Insel Lieps lassen wir rechts liegen und legen am Steg des Ortes Gallentin an. In »Ullis Kinderland« sind für uns Bungalows bestellt (Zelten möglich). Hier können wir gut und preiswert essen und schlafen (Tel. 038423/3 65).
Mit bestelltem Zuschußwasser, guter Vorbereitung und gegenseitiger Hilfe ist anderntags der Wallensteingraben doch leichter zu paddeln. Frühmorgens, wenn der See noch ruhig liegt, fahren wir an Bad Kleinen vorüber und biegen schon nach 3 km an einer Fischreuse links in den Wallensteingraben. Zum Glück ist das erste Wehr gezogen, denn das Umtragen über den hohen Eisenbahndamm wäre sehr gefährlich. Auf dem schmalen Lostener See, herrlich von Schilf, Seerosen und Mischwald umrahmt, können wir uns noch einmal ausruhen. Nach dem Wehr (bis Wismar folgen noch neun!) wird der Bach dann bald lebhafter. Besonders wenn er sich durch Buchen- und Erlenwaldbrüche schlängelt, müssen wir auch ab und zu mit Baumhindernissen rechnen.
Nach ca. 10 km am Wehr des Dorfes Mecklenburg (befahrbar) machen wir eine kleine Pause und spazieren durch das schöne Dorf mit der Holländerwindmühle. Hier stand bereits im Jahre 967 eine Hauptburg der Obotriden. Dem Namen dieses ehemals bedeutenden Königssitzes (castrum mikilenburg) verdankte dann in der Folge die ganze Region und bis heute das Land Mecklenburg seinen Namen.
Noch 8 km sind es bis zur Hansestadt Wismar. Den Kirchturm von St. Marien können wir in mancher Kurve schon erblicken. Auf dem letzten Abschnitt über den stark verschlammten Mühlenteich müssen wir das günstigste Fahrwasser suchen und am Mühlenwehr unter der Hochstraße unsere Fahrt beenden. Von da ist es nicht weit zum Bahnhof, und bis zur Rückfahrt nach Schwerin haben wir noch Zeit für einen Bummel durch den historischen Stadtkern.
Zur Wismarer Bucht kann man

Das Schrägwehr vor dem Dorf Mecklenburg ist meist befahrbar.

nicht weiterpaddeln. Erst nach 2 km quer durch die Stadt können wir wieder in den Mühlengraben am Ziegenmarkt zum Alten Hafen einsetzen. Nach weiteren 2 km finden wir Quartier bei den Kanuten der TSG Wismar im Wassersporthafen von Wendorf.

Charakter, Tips
Diese Tour verbindet die Landeshauptstadt Schwerin mit der Hansestadt Wismar (Ostseehafen) durch den mehrteiligen Schweriner See (20 km vom Schweriner Schloß bis Mündung bei Bad Kleinen) und das Wildflüßchen Wallensteingraben. Es ist 18 km lang und hat 34 m Gefälle. Elf Wehre (zwei evtl. befahrbar) und dazu einige je nach Wasserstand schwierige Hindernisse (Steine, Bäume) sind zu überwinden. Für Faltboote nicht geeignet.
Zeltplätze B030-Retgendorf und B031-Flessenow am Ostufer, B029-Muess am Süd- und B032-Seehof am Westufer des Schweriner Sees; Kanubootshäuser in Schwerin, Jugendherberge Flessenow. Bahn- und Busverbindung entlang der gesamten Strecke (Wismar–Schwerin, B 106, 27 km).

Sehenswertes
Schwerin: (Landeshauptstadt von Mecklenburg-Vorpommern, 1018 gegründet, älteste Stadt des Landes) Dom St. Marien (1270), Backsteingotik; Schloß (Museum) und Schloßinsel mit Parkanlage; Rathaus; Regierungsgebäude; Palaisbauten.
Lübstorf: Schloß und Park Wiligrad (19. Jh.).
Dorf Mecklenburg: Windmühle; Landwirtschaftsmuseum; Dorfkirche (13. Jh.); slawischer Burgwall (957).
Wismar: (Hanse- und Hafenstadt, 1226 gegründet) 80 m hoher Turm der Ratskirche St. Marien (15. Jh.); Marktplatz (Rathaus, Wasserkunst, Bürgerhäuser); Nikolaikirche (14. Jh.), Backsteingotik; Hafengelände; Schiffswerft.

Karten, Kanu-Literatur
Generalkarte Ost, 1:200 000, Blatt 1 (E10–E8, F13); Wasserwanderatlas Mecklenburger Gewässer, 1:100 000, Blatt 23 und 25.
DKV-Gewässerführer für Ostdeutschland, Abschnitt 5 und 3.13.1; Reisehandbuch Mecklenburger Seen, Seite 164.

5

Warnow

Neukloster – Warnemünde
105 km
4-Tage-Fahrt
Ostseezufluß

In die Warnow kann man schon in Bülow, einem Dorf östlich von Crivitz, einsetzen und sie bis zur Mündung in die Ostsee bei Warnemünde 134 km als abwechslungsreichen Wanderfluß nutzen. Sie wird nicht wie die anderen großen Flüsse Mecklenburgs durch eine höhergelegene große Seengruppe gespeist, sondern windet sich ohne Aufenthalt, als kleiner Wiesenbach beginnend, durch eine Lücke der in der Weichseleiszeit entstandenen Hauptendmoräne, nimmt dabei Nebenflüsse wie das Mühlenfließ (vom Pinnower See), den Brüeler Bach, die Mildenitz (Tour 6), die Nebel (Tour 7) und die Beke (bei Schwan) auf und fließt als breiter Strom in das Rostocker Hafenbecken.

Wir wählen zu Anfang unserer Tour einen nicht so oft befahrenen Zufluß, den Brüeler Bach, beginnen schon in Neukloster und haben damit das »Seengebiet Kloster Warin« vor uns. Diese Variante ist auch besonders verkehrsgünstig – wir können das Auto auf dem Zeltplatz oder an der Badestelle am Neuklostersee stehen lassen (nur 47 km Straße bis nach Rostock), aber auch von jedem Ort an der Strecke nachholen, denn die Eisenbahnlinie begleitet uns auf der ganzen Länge.

Die Slalomstrecke von Eickhof befahren wir strafpunktfrei.

Am Bootshaus der Rennkanuten von Neukloster setzen wir unsere Kajaks ein, überqueren den von Kiefernwald und schönen Bungalowsiedlungen umgebenen See und finden südöstlich den Teppnitzbach. Bis zur Neumühle können wir durch alle Windungen flott weiterpaddeln. Danach hängt die Paddelfreude wie so oft davon ab, wieviel Wasser durchs Wehr gelassen wird. Stellenweise müssen wir nun treideln, die Strömung nimmt zu und die natürlichen Hindernisse auch. Nach ca. 4 km sind wir auf dem Großen Wariner See und durchqueren danach die kleine Stadt Warin, die bald wieder Luftkurort werden möchte. Tradition und Umgebung sprechen sehr dafür. Das schwierige Umtragen am Mühlenwehr unterbrechen wir mit einem Stadtbummel, ehe wir weiter über den Glammsee paddeln. Übrigens könnte man auch hier, in der Nordostecke am Sportplatz, nahe dem Bahnhof, die Tour beginnen und hat dann im weiteren Verlauf kaum noch Sorgen mit dem Wasserstand.

Der breite Tönnisbach führt uns durch ein kleines Wiesental zwischen zwei Wäldern zum Tempziner See. Den Ort Blankenberg (Bahnhof) lassen wir links liegen und finden in einer Bucht geradeaus den kleinen Mühlenbach, der sich durch die Wiesen zwischen Zahrensdorf (rechts) und Tempzin bis zum Städtchen Brüel schlängelt. Hier setzen wir vor dem Wehr rechts aus, tragen die Boote ca. 100 m weit und lassen sie erst nach der B192 wieder ins Wasser (Unterquerung lebensgefährlich!). Hier können wir letztmals auf dieser Etappe die günstigen Einkaufsmöglichkeiten nutzen, ohne weit laufen zu müssen.

Noch drei Wehre (zwei befahrbar) unterbrechen den Brüeler Bach auf seinem begradigten, langsamen Lauf durch ein weites Wiesental, bis er bei Weitendorf (22 km von Neukloster) in die Warnow mündet. Diese ist hier schon ein ca. 8 m breiter, tiefer Fluß, der sich träge in großen Bögen durch Felder und Wiesen windet. Doch wenn nach 8 km von rechts die Mildenitz (Tour 6) hinzukommt und die Warnow das »Durchbruchstal« (NSG) erreicht, werden wir ganz wach. Herrlich, wie sich hier das Wasser (und unsere Boote) den Weg zwischen Steinen, umgestürzten Bäumen, kleinen Inseln – und leider auch niedrigen Fußgängerbrücken – suchen muß! Auch die auf beiden Seiten ansteigenden Höhen (bis 60 m ü.N.N.) mit altem Buchenwald prägen den bei allen Wasserwanderen beliebten Streckenabschnitt. Hier haben sich die eiszeitlichen Schmelzwassermassen ein Gletschertor geschaffen (das größte in Mecklenburg), das später durch die Warnow 30 m tief erodiert ist.

Leider ist der Abschnitt nach 6 km, am Wehr von Eickhof, schon zu Ende, und wir finden nach 34 Tages-km am linken Ufer einen Platz für unser Zelt. Die Kanuten von Bützow, die als einzige in Mecklenburg den Slalomsport betreiben, haben hier an der Schwallstrecke nach dem Wehr eine Trainingsstrecke aufgebaut, auf der auch Wettkämpfe ausgetragen werden.

Mit diesem Schwung beginnen wir die nächste Etappe, aber schon nach 3 km, am Dorf Warnow, (rechts, Bahnhof, Kirche, kanutenfreundliche Gaststätte »Erbkrug«, Unterkunft) zieht unser Fluß nur noch breit und träge durch weite Kurven. Mal links, mal rechts reicht auch der Wald bis ans Ufer, und nach 15 km stehen wir in Bützow vor dem letzten Wehr.

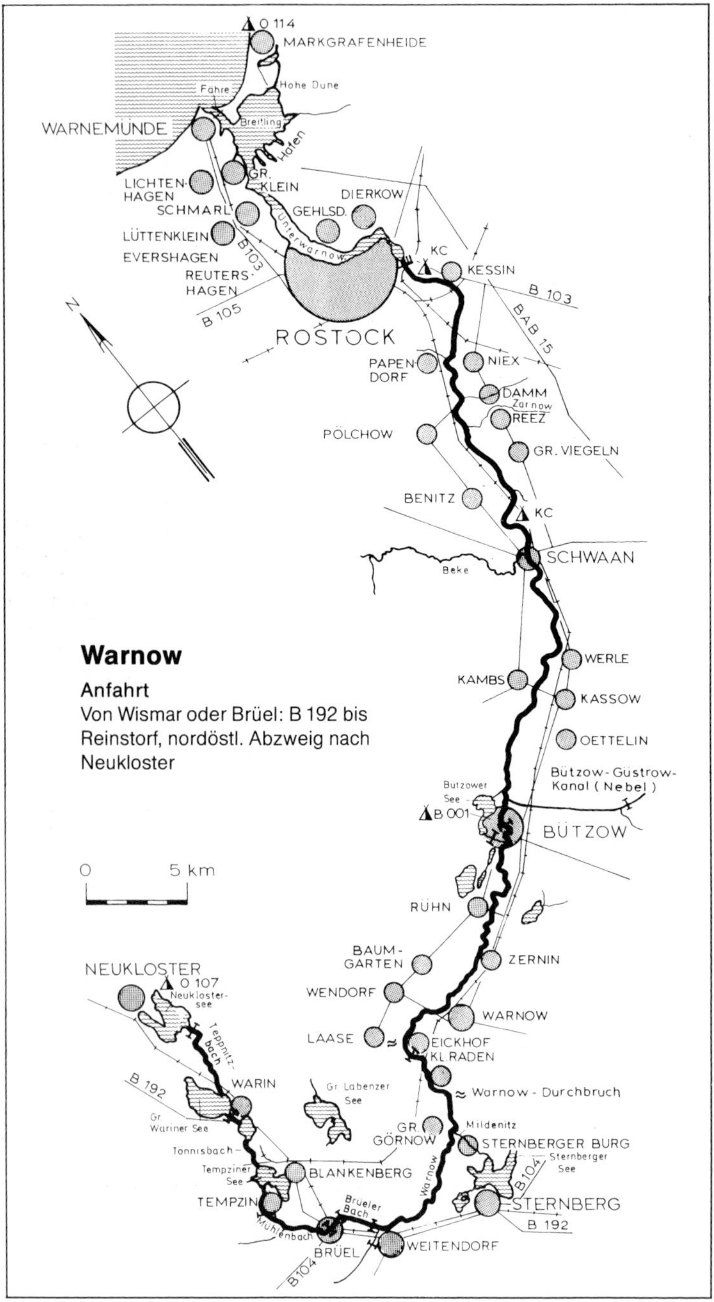

Warnow

Anfahrt

Von Wismar oder Brüel: B 192 bis Reinstorf, nordöstl. Abzweig nach Neukloster

Wir setzen unsere Boote rechts aus (Bahnhofseite) und gehen nach links in die Altstadt. Vom Bützower See (Zufluß durch befahrbaren Graben links vor dem Warnowwehr, zwei Wehre, Zeltplatz, Abfluß nach der Stadt durch Kanal zur Warnow) und der Warnow fast ganz umgeben, war dieser Ort slawische Hauptburg, 1239 Residenz der Bischöfe von Schwerin und im 18. Jahrhundert Universitätsstadt. Beim Gang um das Schloß und die alten Fachwerkhäuser fällt uns ein: Ob wohl die 200 Jahre alte Verordnung des damaligen Bürgermeisters zur Gänsehaltung auch heute noch gilt?

Kurz nach der Stadt kommt von rechts der Bützow-Güstrow-Kanal (auch aufwärts befahrbar, Tour 7) dazu und bringt das Wasser der Nebel mit. Nun ist die Warnow schiffbar und liegt nur noch 0,2 m ü.N.N.

Nach weiteren 11 km Paddeln durch feuchte, meist von Schilf umsäumte Wiesen erreichen wir das Städtchen Schwaan, durchfahren die interessante Hubbrücke (technisches Denkmal) und lassen uns 2 km später am Zeltplatz der Rostocker Kanuten am rechten Ufer bei Neu-Wiendorf nieder (Bahnhof). Sie laden uns ein, auch ihr schönes Bootshaus an der Schleuse Mühlendamm vor den Toren der Hansestadt zu besuchen. Die Fahrt zum 17 km entfernten Rostocker Kanu-Club (RKC), einem der größten und traditionsreichsten Kanuvereine Mecklenburgs (Renn- und Wanderpaddler) sowie ein Rundgang durch den Stadtkern und den alten Hafen füllen den nächsten Tag aus.

Mit leeren Booten unternehmen wir noch eine Tagestour auf der Unterwarnow bis nach Warnemünde und zurück. Der Stadthafen mit der prächtig renovierten Häuserkulisse, Neptunwerft und Fischfabrik, das Traditionsschiff »Frieden« (Gaststätte, Jugendherberge, Museum), der neue Seehafen, die Warnemünder Mole mit dem bekannten Leuchtturm und die vielen großen »Pötte« aus aller Herren Länder beindrucken uns kleine Paddler mächtig.

Wir meiden das Gewimmel am Strand vor dem Hotel »Neptun« und fahren lieber ein Stück nach rechts zum FKK-Strand von Markgrafenheide, und erst am späten Abend sind wir wieder am Bootshaus.

Auf der Unterwarnow vor der Rostocker Altstadtsilhouette.

An das Museumsschiff in Rostock-Schmarl darf man auch nahe heranfahren.

Charakter, Tips

Die gewählte Tourenvariante weist im ersten Abschnitt durch die Wariner Mulde von Neukloster bis zur Mündung in die Warnow bei Weitendorf (22 km) wasserstandsabhängige Schwierigkeiten zwischen den vier kleinen Seen und bei den Ortsdurchfahrten auf (sechs Wehre umtragen, Baumhindernisse). Für Faltboote gibt es auch Schwierigkeiten im Warnow-Durchbruch. Danach ist die Warnow breiter, kurvenreicher und fließt langsamer; zwei Wehre umtragen, ab Bützow schiffbar, für Motorboote verboten. Nach der Schleuse in Rostock ist über Unterwarnow und Breitling (Hafen) die Ausfahrt zur Ostee möglich.
Zeltplätze: 0107-Neukloster, B001-Bützow (am See), B002-Schwaan (vor dem Ort rechts), 0114-Markgrafenheide (Ostseestrand) sowie an den Bootshäusern in Neukloster und Rostock; Unterkünfte auch in Warin, Brüel und Warnemünde. Bahn- und Busverbindungen entlang der gesamten Strecke.

Sehenswertes

Neukloster: Zisterzienserklosterkirche (1219), romanischer Backsteinbau, Propstei.
Bützow: (Gegründet um 1200, ehem. Bischofsresidenz) Stiftskirche St. Maria; Schloß (ehem. bischöfliche Burg); Fachwerkhäuser der Innenstadt.
Schwaan: Hubbrücke über die Warnow (technisches Denkmal).
Rostock: Universität; Hafen; Werft; Museen; Zoo; Rathaus (13. Jh.) mit schönem Barockgiebel; Marienkirche, Backsteingotik; Kröpeliner Tor; Steintor; Kuhtor.
Warnemünde: Seehafen; Werften; Strand; Traditionsschiff; Museen; Fischerhafen am Alten Strom.

6

Mildenitz

Goldberg – Sternberg
44 km
2-Tage-Fahrt
Nebenfluß der Warnow

Die Mildenitz gehört zu den landschaftlich reizvollsten Paddelflüssen Mecklenburgs. Im Landschaftsschutzgebiet »Goldberg-Dobbertiner Seenlandschaft und mittleres Mildenitztal« liegt zwischen der Schwinzer Kiefernheide und kuppiger Endmoränenlandschaft eine Kette von Mulden- und Rinnenseen, die durch die Mildenitz und ausgedehnte moorige Niederungen (z. B. Großer Serrahn am Damerower See) verbunden sind. Laub- und Nadelwälder, Moore und Seen bieten naturnahe Lebensräume für viele geschützte Pflanzen und Tiere.

Etwa alle vier Jahre, am ersten Maiwochenende, findet hier eine der bei den Wanderpaddlern sehr beliebten »Mecklenburg-Rundfahrten« statt. Sie werden vom Kanu- und Kleinsegelverein Schwerin als DKV-Wanderfahrten hervorragend organisiert (siehe auch Touren 4, 5 und 7). Wir beschreiben im folgenden den Verlauf der Tour, an der wir im Jahr 1991 mit 93 weiteren Paddlern teilgenommen haben.

Bei den Goldberger Rennkanuten, in der Nähe des Zeltplatzes am Westufer des Sees, bekommen wir gutes Quartier. Anderntags, nach der Fahrteröffnung, zieht die lange Flotte bunter Kajaks, Canadier und Faltboote über den See zur Mündung der Mildenitz und durch Goldberg. Vor der alten Wassermühle, einem schönen Fachwerkgebäude (Heimatmuseum), rutschen wir über eine kleine Wehrstufe. Die danach folgende Strecke mit über den Fluß hängenden Trauerweiden und auch die später auf freiem Feld

Vorbei am Goldberger Heimatmuseum.

Mildenitz

Anfahrt
Von BAB 19 (Berlin–Rostock), Abzweig Malchow, B 192 Richtung Wismar bis Goldberg

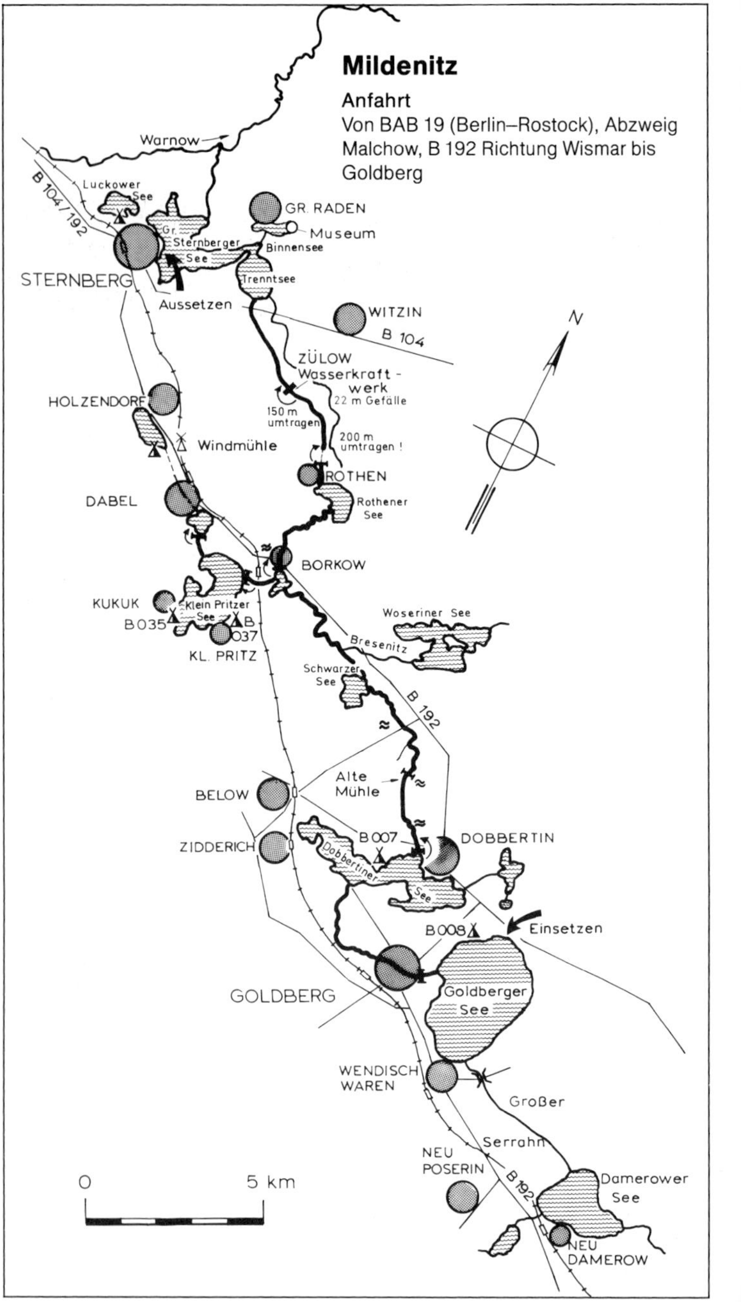

Der Dobbertiner See mit dem Benediktinerinnenkloster.

stehenden, riesigen alten Eichen lenken unsere Blicke etwas von dem arg getrübten Wasser der Mildenitz ab. Alle Kameras richten sich nach rechts auf die majestätisch am Ufer des Dobbertiner Sees stehenden Kirchtürme des Benediktinerinnenklosters. Dort kann man auch hinaufsteigen und weit ins schöne Mecklenburger Land blicken.

An der Dobbertiner Mühle bekommen wir Zuschußwasser, das heißt, uns zuliebe wurde das Wehr etwas weiter geöffnet. Nun wird die Mildenitz lebhafter und abwechslungsreicher, und wenn sie in den Klädener Forst, einen Mischwald mit hohen Buchen, Kiefern, Birken und Lärchen, eintritt, beginnt ein besonders schöner Abschnitt. Hier ist der Fluß auch wieder schön klar. An der Alten Mühle von Kläden halten wir Mittagsrast.

Vielstimmiges Vogelgezwitscher aus allen Wipfeln begrüßt die Paddler in einem tief eingeschnittenen Tal, das bald zum Schwarzen See führt, den wir allerdings nur streifen. Kurz darauf gesellt sich von rechts die Bresenitz vom Woseriner See hinzu, und wir schlängeln uns mit flotter Strömung durch einen Erlenbruch. Zum Glück sind hier die ins Wasser gefallenen Bäume abgesägt und sorgfältig weggeräumt worden. Am Borkower See verlassen wir den Lauf der Mildenitz und erreichen über Klein Pritzer See, Dabeler See und einen 2-km-Fußmarsch unseren Zeltplatz am Holzendorfer See.

Dieser Abstecher hat seinen guten Grund: Eine Übernachtungsmöglichkeit hätten wir vielleicht auch an anderer Stelle gefunden – aber nicht so eine Sehenswürdigkeit wie die Dabelner Holländer-Windmühle von 1892. Mit Begeisterung und plattdeutschem Witz erklärte uns der Müller Fritz Döscher, wie seine Mühle die »Wende« überstand und wie er sich mit gutem Mehl in der Marktwirtschaft behaupten will. Nun bemüht er sich darum, daß sich die vier 11-m-Flügel der Mühle wieder im Winde drehen können.

Noch sind die Eichen am Ufer der Mildenitz kahl.

Am nächsten Tag geht es wieder zurück zum Borkower See. Am 2 m hohen Wehr in Borkow tragen wir unsere Boote um – eine Übung, die wir anschließend noch öfter durchführen werden. Bis zum Rothener See schlängelt sich die Mildenitz mit flotter Strömung über Stock und viele Steine. Während das alte Flußbett rechts abzweigt und sich unbefahrbar über 9 km (23 m Gefälle) zum Trenntsee windet, folgen wir dem Kanal. Dieser endet für uns nach 500 m. Das Wasser fließt nun unterirdisch durch einen abgesperrten Tunnel, und wir müssen unsere Boote etwa 200 m über einen Feldweg bringen, ehe wir an steilem Ufer mühsam wieder einsetzen können. Diese Schwierigkeiten haben wir den Bauern zu verdanken, die 1920 beim Kraftwerksbau ihre Felder nicht durch einen Kanal geteilt haben wollten. Auch die alte deutsche Eiche, die gleich anschließend quer über dem Kanal ihre letzte Ruhe fand, wird wohl noch lange ein schwer überwindbares Hindernis bleiben.

Am Kraftwerk Zülow (erbaut 1922) steigen wir aus und müssen die Boote auf einem steilen Weg zum 22 m tieferen Kanalbett tragen. Die Mittagspause wird bereichert durch die Besichtigung des strom-

erzeugenden technischen Denkmals. Der Leiter führt uns in den Maschinensaal mit den beiden Francis-Turbinen, die in Spitzenzeiten zusammen 1100 kVA erzeugen können. Billiger kann man Energie in Mecklenburg wohl nicht gewinnen – schade nur, daß dadurch 10 km wilde Mildenitz für uns Paddler verlorengegangen sind.
Über den Trenntsee geht es dann durch einen kleinen Graben zum Binnensee. Wir wollen zum Schluß unserer Fahrt dem 1987 eröffneten Archäologischen Freilichtmuseum von Groß Raden und der rekonstruierten altslawischen Tempelburg einen Besuch abstatten und lauschen aufmerksam der Führung. Mit großem Aufwand ist hier anschaulich dargestellt, wie die Nordwestslawen vom 7. bis 12. Jahrhundert in dieser Landschaft vermutlich gelebt haben. Anschließend haben wir noch 4 km über den Sternberger See zu paddeln, die Bugspitze immer auf die Kirchturmspitze der Stadt gerichtet. Ziel der Fahrt ist der Badestrand mit der großen Gaststätte »Seeperle«. Keine 2 km gegenüber fließt die Mildenitz weiter und auch bald über ihre letzte Wehrstufe (rechts umtragen). Nach der Straßenbrücke bei der Sternberger Burg tritt sie in ein Tal mit hohen Buchen ein, das gleich nach der Mündung in die Warnow seine wunderbare Fortsetzung im Naturschutzgebiet »Warnow-Durchbruchstal« findet. Sternberg ist also auch ein guter Einsatzort für eine Warnow-Fahrt (Tour 5).

Charakter, Tips

Die Mildenitz ist der rechte Nebenfluß der Warnow und hat ihren Ursprung im Penzliner See (57 m ü.N.N.), ca. 8 km südöstlich von Goldberg. Vom Damerower See an (Einsatzstelle am Bahnhof Damerow) ist sie im Zweier befahrbar. Ab Dobbertiner Mühle ist die Befahrbarkeit wasserstandsabhängig (Steine im Flußbett, Sandbänke, Baumhindernisse), sechs Wehre müssen umtragen werden, davon zwei mit Strecken von 200 und 100 m (Bootswagen kann verwendet werden).
Meist angenehme Strömung mit kurzen Schwallstrecken. Teils Feld- und Weidelandschaft, teils Erlenbruch- und Mischwaldtäler. Das größte Gefälle ist von Dobbertin bis Borkow, 9 m auf 13 km. Die Gesamtstrecke von Goldberg bis Sternberg beträgt ca. 35 km, von Sternberg bis Warnow (Flußmündung) 4 km.
Offizielle Zeltplätze gibt es in Goldberg (B 008, Westufer Goldberger See), Dobbertin (B 007, Nordufer Dobbertiner See), Kukuk (B 035) und Pritz (B 037, Klein Pritzer See), Sternberg (B 034, Luckower See). Unterkünfte in Goldberg und Sternberg. Fortsetzung der Fahrt siehe Tour 5 – Warnow.
Bahnverbindung in Sternberg, Borkow, Goldberg, Damerow.

Sehenswertes

Goldberg: Stadtkirche (13. Jh.), Backsteingotik; Heimatmuseum in der alten Wassermühle.
Dobbertin: Kirche des Benediktinerinnenklosters (13. Jh.), nach Plänen von Schinkel 1837 umgestaltet.
Dabel: Holländer-Windmühle (1892).
Zülow: Wasserkraftwerk (1922), technisches Denkmal.
Groß Raden: Archäologisches Freilichtmuseum, altslawische Tempelburg.
Sternberg: Stadtkirche St. Maria und St. Nikolaus (13. Jh.), Backsteingotik; Mühlentor; Wallmauer; Heimatmuseum.

Karten, Kanu-Literatur

Generalkarte Ost, 1:200 000, Blatt 1; DKV-Gewässerführer für Ostdeutschland, Abschnitt 6.2.
Wasserwanderatlas Mecklenburger Gewässer, 1:100 000, Blatt 32, 33.

7

Nebel

Krakow – Güstrow
30 km
2-Tage-Fahrt
Nebenfluß der Warnow

Vor mehr als 20 000 Jahren haben Eis und Schmelzwasser hier eine einmalig schöne Landschaft geschaffen. Nachdem die Nebel den 16 km² großen, reich gegliederten Krakower See (22 Werder und Halbinseln) durchflossen hat, schlängelt sie sich von Serrahn in einem reizvollen Durchbruchstal durch die Endmoräne. Kommen wir hier als Wasserwanderer allein und unangemeldet an, endet unsere Fahrt schon an den unübersehbar angebrachten Verbotsschildern (extra für Paddler gemalt).

Im folgenden Naturschutzgebiet mit Totalreservaten haben zahlreiche seltene Fischarten, Fließwasserinsekten und Gebirgsbachvögel ihren Lebensraum, und wir müssen mit dem Naturlehrpfad bis zur alten Wassermühle von Kuchelmiß (Museum) vorliebnehmen. Will man die Vielfalt dieser schönen Landschaft ganz erleben, sollte man sich an die Schweriner Kanuten wenden, die manchmal im Frühjahr auf der Nebel Gemeinschaftsfahrten organisieren (Mecklenburg-Rundfahrt) und sich dabei auch um das auf den steinigen Gefälleabschnitten nötige Zuschußwasser bemühen.

Unsere Einsatzstelle in Krakow ist nahe der Dampferanlegestelle am »Seehotel« (Parkplatz). Wir können auch den Zeltplatz B005 am Nordufer nutzen und halten dann rechts auf die Durchfahrt zwischen den Halbinseln Starkenwerder und Schwerin zu. Die Insel Liepse, ein beliebter Rast- und Badeplatz vie-

In der »Toten Schlucht« rauscht die Nebel über einige Schwallstufen.

ler Wasserwanderer, lassen wir rechts liegen und finden 500 m links der Kirchturmspitze Serrahns

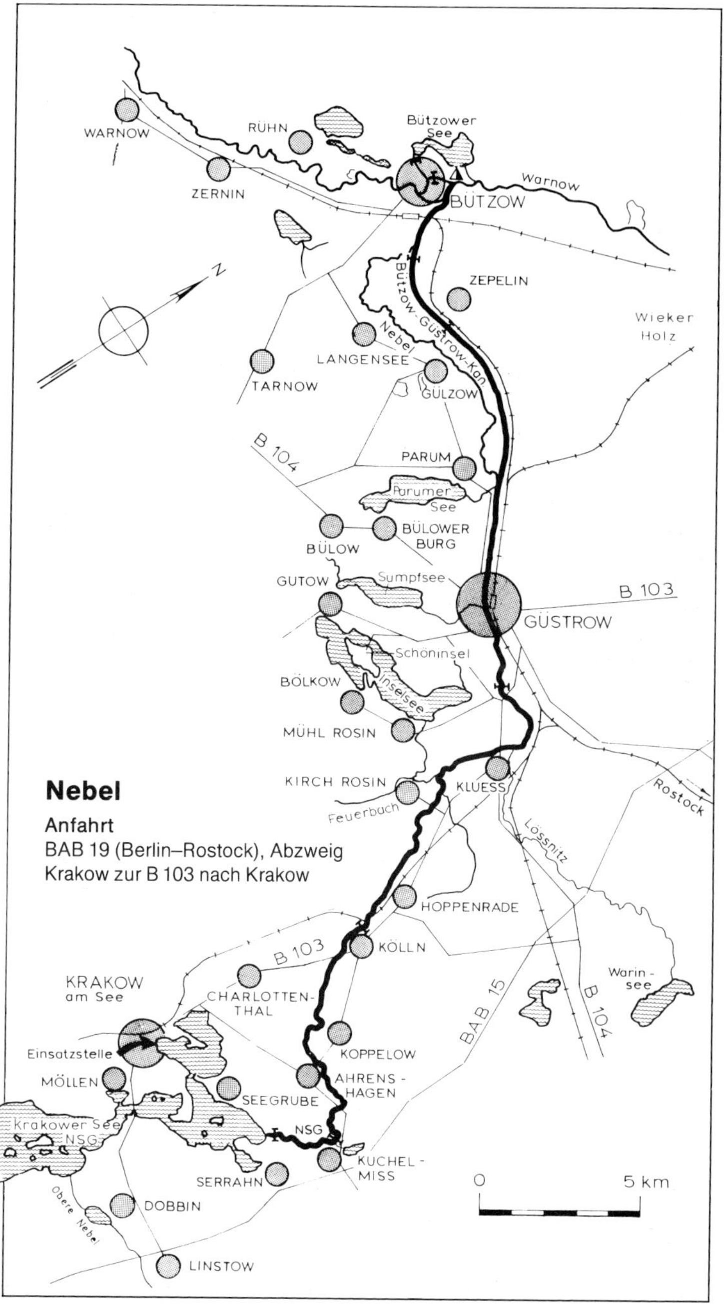

Nebel

Anfahrt
BAB 19 (Berlin–Rostock), Abzweig Krakow zur B 103 nach Krakow

den Kanal, der kurz darauf an einem Wehr endet. Dort beginnt das Naturschutzgebiet und damit der erste gefälle- und hindernisreiche Abschnitt (ca. 4 km) bis zur Mühle Kuchelmiß (100 m links umtragen).
Kurven, starke Strömung, Baumsperren und Steinschwälle kennzeichnen die nächste Etappe, die ihren Höhepunkt wohl in der »Toten Schlucht« hinter Ahrenshagen findet. Und da sagen manche Kanuten, die Nebel sei der landschaftlich schönste Kleinfluß Mecklenburgs! Nach Durchfahrt unter der B 103 haben wir noch die Mühle von Kölln links zu umtragen und machen dann bei Hoppenrade eine Pause.
Der folgende Abschnitt ist einfacher zu paddeln – weniger Steine, geringeres Gefälle, aber wenn die Nebel durch den Güstrower Forst mäandriert, erwartet uns so manches Baumhindernis. Zum Umtragen am morastigen Ufer ziehe man Gummistiefel an!
Bei Kirch Rosin endet das Naturschutzgebiet, und etwa 2 km danach ist die Nebel begradigt. Nach Durchfahrt unter der B 104 gesellt sich von rechts die Lößnitz hinzu (bei gutem Wasserstand befahrbar vom Warinsee, 14 km). Nun ist die Nebel schon ein breiter Strom, auf dem sich's geruhsam paddeln läßt. Nur ein großes Wehr in den Wiesen vor der Stadt muß noch umtragen werden.
Am Bahnhof Güstrow beenden wir unsere Fahrt und müssen nur 24 km mit der Bahn nach Krakow zurückfahren. Wer weiter will, kann noch 14 km über den Nebel-Kanal nach Bützow (zwei Wehre umtragen) paddeln und kommt dann auf die Warnow (Tour 5).

Charakter, Tips

Die Nebel ist der rechte Nebenfluß der Warnow, sie entspringt dem Malkwitzer See (nördlich von Malchow) und ist bei gutem Wasserstand auch von dort im Kunststoffeiner befahrbar. Da der Krakower Obersee (NSG) aber nicht durchfahren werden darf, lohnt es sich, erst in Krakow am See einzusetzen. Das Gefälle vom See (Serrahn 47,5 m ü.N.N.) bis Hoppenrade (12 km) beträgt ca. 30 m; teilweise Wildwasser, viele Baum- und Steinhindernisse, drei Wehre.
Der 21 km lange Abschnitt von Serrahn (Wehr und Brücke am Ende des Krakower Sees) bis Kluess/Brücke der B 104 ist für Paddelboote gesperrt (NSG, Verbotsschilder). Im Frühjahr kann die Befahrung im beschränkten Umfang gestattet werden. (Anfrage beim LKV-Wandersportwart in Schwerin. Tel. 0385/71 04 71). Nach Mündung der Lößnitz (befahrbar ab Warinsee) bei Kluess ist der Fluß bis zur Mündung in die Warnow bei Bützow kanalisiert; noch vier Wehre.
Zeltplätze findet man in B005-Krakow, am Nordwestufer des Gruber Sees und in B001-Bützow am Bützower See. Unterkünfte in Krakow, Güstrow und Bützow. Bahn- und Straßenverbindung besteht entlang der gesamten Strecke.

Sehenswertes

Krakow am See: (Kurort, von 15 Seen umgeben) Stadtkirche (1230), Backsteingotik; Möckerberg mit schöner Aussicht über die Seen.
Kuchelmiß: Alte Wassermühle (1583), Museum.
Güstrow: Renaissanceschloß (16. Jh.), Museum; Domkirche (13. Jh.); Gertrudenkapelle (Barlach-Gedenkstätte); historisches Stadtzentrum (Rathaus, Bürgerhäuser).

Karten, Kanu-Literatur

Generalkarte Ost, 1:200 000, Blatt 2; Wasserwanderatlas Mecklenburger Gewässer, 1:100 000, Blatt 34, 35, 28. DKV-Gewässerführer für Ostdeutschland, Abschnitt 6.1. Reisehandbuch Mecklenburger Seen, Seite 162.

8

Recknitz

Laage – Ribnitz-Damgarten (Born)
58 (83) km
2–3-Tage-Fahrt
Ostseezufluß

In einem eiszeitlichen Schmelzwassertal südlich von Laage fließen zwei Bäche, der Korleputer Bach und der Pludderbach, zusammen und bilden die Recknitz. Auf ihrem Weg dorthin aus der Hügellandschaft der Mecklenburger Schweiz südöstlich von Laage trieben sie früher in vielen Dörfern kleine Mühlen und sammelten das Wasser aus Wäldern und Mooren, so daß die Recknitz an der B 108, wo wir unsere Boote einsetzen können, bereits ein 6 m breiter und recht tiefer Fluß ist. Bis in die 70er Jahre floß dieser nun in vielen Mäandern ungezähmt und oft stark verkrautet durch moorige Wiesen. Heute hat die Recknitz ein neues, gerades oder in weiten Kurven schwingendes Flußbett und wird durch große Wehre mit je ca. 1 m Fallhöhe reguliert. Von den Mäanderbögen ist nichts mehr zu sehen, und die Wiesen werden landwirtschaftlich genutzt.
Sooft wir die Recknitz früher mit dem Auto auf der B 108 oder der B 110 überquerten, konnte sie uns nicht sonderlich reizen. Diesmal nutzen wir sie für eine Tour zur Ostsee. Erste positive Eindrücke sind die trotzdem noch angenehm spürbare Strömung und die sehr flachen Uferböschungen (vielleicht war es bei unserer Befahrung auch der hohe Wasserstand), was uns einen weiten Überblick über die Wiesen- und Waldlandschaft bietet. Erstaunlich viel Rehwild tummelt sich manchmal ganz nahe dem Ufer. Die Wiesen sind im Frühjahr übersät von gelbleuchtendem Löwenzahn. Sumpfdotterblumen, Schlüsselblumen und große Schwertlilienbüschel säumen das Ufer, und über uns jubilieren die Lerchen.
Bald paddeln wir auch an bewaldeten Hügeln vorüber – meist kommen hier Buchen und Eichen vor, aber auch Kiefern und Lärchen. Am Städtchen Tessin (14 km) fahren wir rechts vorbei. Die Wehre lassen sich alle sehr einfach rechts oder links über Wiesenböschungen umtragen, und man kann leicht aus- und einsteigen. Nach dem fünften Wehr rechts an einem kleinen Wäldchen (LSG) machen wir Pause. In der Nähe an einem kleinen Bächlein sollen Reste der Lieper Burg (Erdringwall) zu finden sein.
Nach 30 km geruhsamer Fahrt kommen wir nach 6 Stunden (mit Pausen) in Bad Sülze an und setzen unsere Boote vor dem Wehr links an der Mühle aus; der Mühlenwirt kann uns ein Nachtquartier vermitteln. Nach den beiden Wehren in Bad Sülze haben wir dann fast Meereshöhe erreicht, und die Recknitz ist nun mehr als 15 m breit und 2 m tief. Bis 1 km nach der Straßenbrücke bei Marlow (9 km von Bad Sülze) ist der Fluß reguliert, danach quält er sich mit uns über 16 km durch endlose Mäander (Luftlinie 9 km) bis Daskow. Hier machen wir noch eine Pause, ehe die letzten 5 km bis Damgarten beginnen. Am Anlegesteg am rechten Ufer gehen wir an

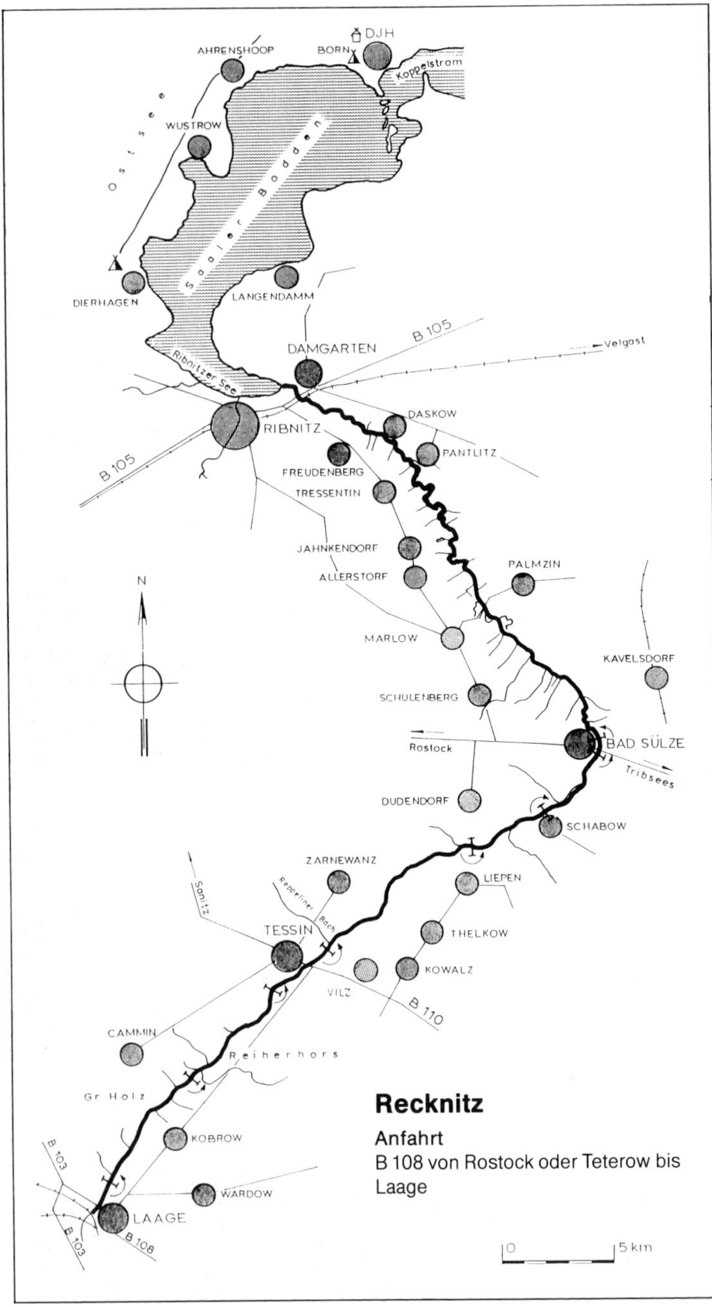

Recknitz

Anfahrt
B 108 von Rostock oder Teterow bis Laage

Frühling in der Recknitz-Niederung.

Land und suchen uns ein preiswertes Nachtquartier, denn nach 29 km Fahrt ist uns die Fortsetzung der Tour auf dem Saaler Bodden doch zu anstrengend.
Der Ribnitzer See empfängt uns am nächsten Morgen freundlich und schön glatt. Bis zur Anlegestelle des Ostseebades Dierhagen paddeln wir etwa 10 km und machen dort Mittagspause. Kurz vor Wustrow, an der Bucht Permin, ist die schmalste Stelle der Halbinsel, und wir könnten hier unser Boot in die Ostsee umsetzen. Wir nutzen diese Gelegenheit nur zu einem erfrischenden Wellenbad am breiten Sandstrand und legen später im Seglerhafen von Wustrow an. Hier ist es nicht weit zur Kirche, deren Turm wir ersteigen dürfen und einen herrlichen Blick über Bodden, Meer und Land haben.
Weiter auf dem Saaler Bodden ostwärts, paddeln wir vorbei an Nienhagen und Ahrenshoop auf Fischland, mit seinen schilfgedeckten Häusern bekannt als Domizil der Künstler, und erreichen am Abend den Zeltplatz A0117 vor dem kleinen Ort Born. Hier beginnt der »Nationalpark Vorpommersche Boddenlandschaft« mit 6000 ha herrlichem Mischwald mit hohem Adlerfarn. Es lohnt sich, ein paar Tage auf dem Darß zu bleiben, um in Ruhe zu wandern, Blaubeeren, Preiselbeeren oder Pilze zu sammeln oder am langen, breiten Ostseestrand (FKK) faul herumzuliegen und im sauberen Wasser zu baden.

Charakter, Tips
Als einsamer Niederungsfluß zieht die Recknitz durch das 58 km lange Urstromtal von Laage bis Damgarten (Mündung in den Saaler Bodden). Auf den ersten 32 km (bis nach Bad Sülze) 10 m Gefälle, dabei müssen neun Wehre umtragen werden. Schwache Strömung, mit allen Bootstypen ganzjährig befahrbar. Besonders zwischen Tessin und Bad Sülze ist das Wasser sehr verschmutzt (Kläranlagen im Umbau). Bis Marlow (0 m ü.N.N.) beschreibt die Recknitz meist gerade oder weite Kurven (reguliert), danach ist bis Daskow kaum noch Strömung (viele Mäander). Entlang des ganzen Flusses sind kleine Mischwaldgebiete und moorige Wiesen. Die Weiterfahrt nach Dierhagen-Ost (6 km) oder Wustrow (10 km, Darß–Fischland) ist möglich. Vor der Bodden-Fahrt unbedingt auf Wind- und Wetterentwicklung achten! Es gibt keine offiziellen Campingplätze entlang der Tour (erst in Dierhagen A0116, am Ostseestrand und vor Born am Saaler Bodden). Zeltmöglichkeiten bestehen in Wald- und Ortsnähe überall. Unterkünfte findet man in Laage, Tessin, Bad Sülze und Damgarten. Jugendherberge in Born-Ibenhorst (Tel. 038234/2 29). Bahnverbindung in Damgarten, Tessin und Laage (über Rostock). Busverbindung auch über Bad Sülze, Marlow und Daskow.

Sehenswertes
Laage: Stadtkirche (13. Jh.), Backsteingotik; Holländer-Windmühle auf dem Mühlenberg.
Vilz: Dorfkirche (13. Jh.), Feldsteinbau.
Bad Sülze: Stadtkirche (13. Jh.), Backsteingotik; zwei Holländer-Windmühlen; Kurhaus (Rheuma-Heilstätte) und Gradierwerk der ehem. Saline (Friedrichsbau 1774).
Ribnitz-Damgarten: Stadtkirche St. Marien (13. Jh.), Backsteingotik; Klarissinnenkirche (14. Jh., ehem. Klosterkirche); alte Fachwerkhäuser; Rostocker Torturm.

Karten, Kanu-Literatur
Generalkarte Ost, 1:200 000, Blatt 2; Wasserwanderatlas Mecklenburger Gewässer, 1:100 000, Blatt 36–39. DKV-Gewässerführer für Ostdeutschland, Abschnitt 7.

9

Barthe

Nienhagen – Barth (Prerow)
28 (47) km
1–2-Tage-Fahrt
Ostseezufluß

Hohe Buchen im jungen Frühjahrsgrün in der Bornheide.

Wählt man die Barthe als Paddelfluß, kommt nach einem Blick auf die Landkarte oder nach der Beschreibung in alten Wasserwanderbüchern als Einsatzstelle eigentlich nur der Borgwallsee bei Stralsund in Frage. Leider sind aber dieser See und sein gesamtes Einzugsgebiet ein streng gehütetes Trinkwasserschutzgebiet.

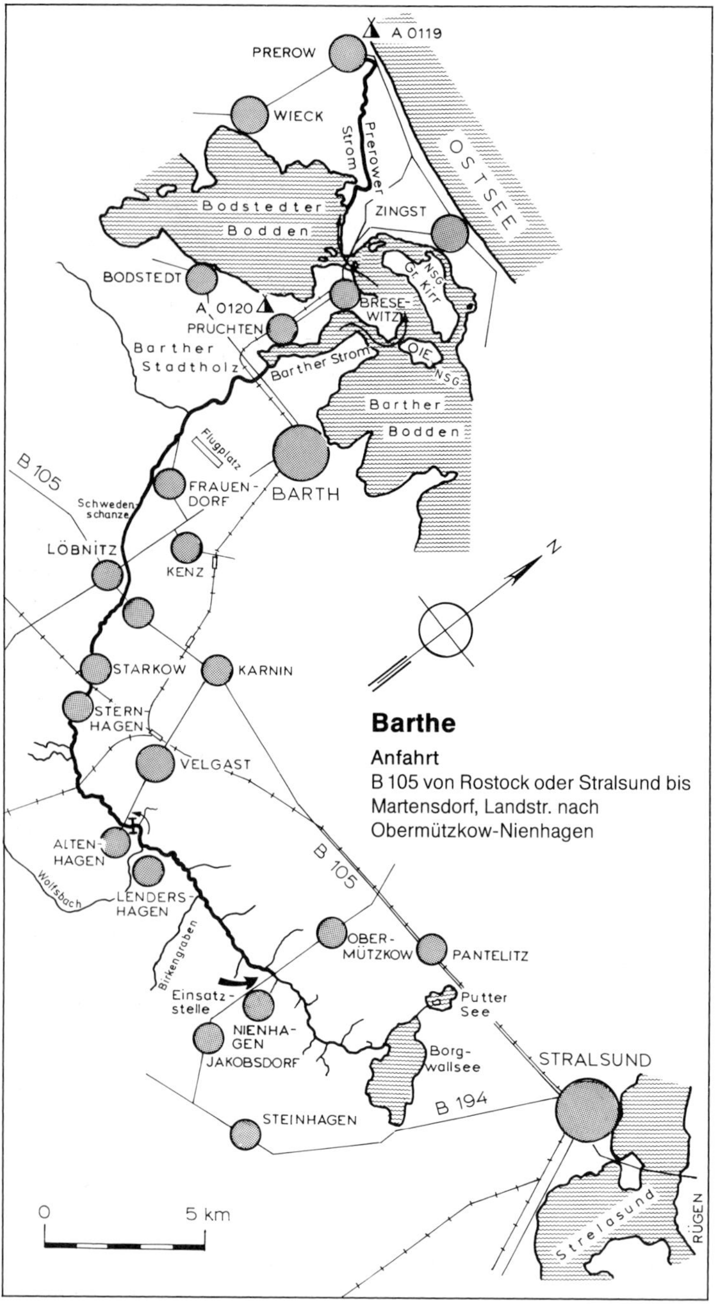

Barthe

Anfahrt

B 105 von Rostock oder Stralsund bis Martensdorf, Landstr. nach Obermützkow-Nienhagen

Mächtige alte Bäume in der Velgaster Heide.

Westlich in einer Bucht fließt die Barthe anschließend durch die schöne Bornheide und sammelt hier viele Bächlein. Einen vernünftigen Einsatzort für unsere Boote fanden wir jedoch erst an der Straßenbrücke zwischen Obermützkow und Jakobsdorf.

Bald paddeln wir in einem schönen Laubwald. Durch hohe Buchen und Eichen bricht sich die Sonne, Weißdorn und wilde Birnen stehen im Frühling in voller Blütenpracht, und das Ufer säumen Sumpfdotterblumen, Scharbockskraut und Storchschnabel. Nur einmal müssen wir ein Baumhindernis umtragen. Nach 4 km sind wir wieder in offener Wiesenlandschaft, doch schon die nahe Velgaster Heide mit Kiefern- und Buchenwald kann uns wieder so recht begeistern. Am Anfang steht ein altes Wehrtor, doch die Barthe fließt ungehindert rechts vorbei.

Wir lassen den Ort Schuenhagen links liegen, unterqueren die Eisenbahnlinie Velgast–Tribsees und paddeln bis Altenhagen. Dort müssen wir das einzige Wehr dieser Fahrt rechts umtragen, weil es geschlossen ist, obwohl kein Gefälle vorhanden ist. Unter der Brücke der Bahnlinie Rostock-Stralsund kurz vor Starkow liegen gefährliche Steine, denen man ausweichen sollte.

Kurz darauf, nach 15 km Fahrt, können wir an der Brücke nahe der Kirche anlegen. Hier haben wir Gelegenheit, mit der Bahn drei Stationen zurück nach Martensdorf zu fahren und 4 km bis zur Einsatzstelle zu laufen, um unser Fahrzeug nachzuholen. Ein Sportkamerad bringt es gleich bis Redebas an der B 105.

Die Barthe fließt nun weiter mit angenehmer Strömung durch Wiesen und Felder. Bei Löbnitz mündet von links der Langenhanshäger Bach (befahrbar ab Löbnitz). In dem Wäldchen 500 m links nach der Landstraße Löbnitz–Barth kann man zwei lange Wälle entdecken. Es ist die sogenannte »Schwedenschanze«, Reste einer Verteidigungsanlage aus dem 30jährigen Krieg.

Noch 3 km weiter, bei Frauendorf (rechts), wird die Barthe mehr als 20 m breit und sehr tief. Die

Strömung trägt uns zwar immer noch in Richtung Barther Strom, aber nun bereits wesentlich langsamer. Links beginnt das Barther Stadtholz, ein ausgedehntes, schönes Mischwaldgebiet, und rechts liegt ein Inlandflugplatz (1 km nach Divitz).
An der Landstraße bei Barth-Tannenheim beenden wir die Etappe für diesen Tag und finden auf einer Wiese nahe der Siedlung am rechten Ufer einen Platz für unser Zelt. Von hier aus sind es nur 2 km Fußweg bis zur alten Hafenstadt Barth, die unserem Wanderfluß den Namen gab. Da die Boddengewässer um Barth sehr flach sind (um 2 m), können hier keine größeren Schiffe landen. Somit hat auch die Stadt an Bedeutung verloren; jedoch finden wir im kreisrunden Stadtkern so manches alte bauliche Kleinod.
Am nächsten Tag wollen wir zum Darß, der Halbinsel mit den vielen schönen Ostseebädern. Prerow ist unser Ziel (19 km). Dazu machen wir unser Boot wetterfest und paddeln erst einmal mit dem Barther Strom etwa 4 km bis in Höhe der Hintersten Berge (letzter Kiefernwald rechts). Dort halten wir uns links und fahren über den Trog, eine Enge zwischen Festland und Insel Oie (rechts – nicht betreten, NSG!) in den Fitt (sehr flach!) bis zur Meiningenbrücke.
Wir könnten noch vorher rechts in den Zingster Strom abbiegen (3 km bis Zingst), wollen aber lieber den Prerower Strom erreichen, den wir durch den Ort Prerow hindurch bis zu einem Ferienlager paddeln können. Am »Regenbogen-Camp« A 0119 (sehr breiter FKK-Strand) können wir noch ein paar Tage unser Zelt in den Dünen aufstellen, ehe wir die Heimreise organisieren.

Charakter, Tips
Die Barthe ist ein kleiner, meist sauberer Wald- und Wiesenfluß mit etwas Strömung und wenigen Hindernissen vom Borgwallsee (bei Stralsund, Trinkwasserschutzgebiet, Befahren verboten!) zum Barther Bodden. Für alle Bootstypen gibt es meist ausreichenden Wasserstand (ab Velgast immer), befahrbar ab Straßenbrücke Martensdorf (an der B 105, westlich von Stralsund–Nienhagen, Einsatzstelle 8,2 m ü.N.N.). Streckenlänge bis Barth 28 km. Weiterfahrt zum Darß z. B. nach Zingst (12 km) oder Prerow (19 km) möglich. Bis Starkow durchfließt die Barthe meist abwechslungsreiche Laub- oder Mischwaldlandschaft, danach Felder und Wiesen; wenig Kurven, keine Mäanderbildung. Ab Frauendorf (6 km vor der Mündung) ist sie schiffbar, mit gleichmäßiger Strömung bis zur Mündung. Vor der Bodden-Befahrung (ab Barther Strom) unbedingt auf Wind- und Wetterentwicklung achten!

Offizielle Zeltplätze an der Strecke gibt es nicht (erst in Prerow A 0119 an der Ostsee oder Pruchten A 0120 am Bodstedter Bodden). Unterkunftsmöglichkeiten in Stralsund und Barth. Bahnverbindung in Hovet und Starkow (bei Velgast) und Barth. Busverbindung auch bei Redebas (B 105).

Sehenswertes
Stralsund: (1234 gegründet, alte Hansestadt) Hafen; Werft; viele Zeugen mittelalterlicher Baukunst (drei große Kirchen, Rathaus, Stadtbefestigung); Meeresmuseum.
Barth: Marienkirche (13. Jh.), Backsteingotik; Reste der Stadtbefestigung.

Karten, Kanu-Literatur
Generalkarte Ost, 1:200 000, Blatt 2; Wasserwanderatlas Mecklenburger Gewässer, 1:100 000, Blatt 39, 40 41.
DKV-Gewässerführer für Ostdeutschland, Abschnitt 8.

10

Peene

Dahmen – Anklam
97 km
4–5-Tage-Fahrt
Ostseezufluß

Viele kleinere und größere Wasserläufe fließen im Malchiner Bekken zur Peene zusammen. Die »Mecklenburgische Schweiz«, wie dieser besondere Landstrich auch genannt wird, ist gekennzeichnet durch auffällige Höhenunterschiede der um 100 m hohen Endmoränenkuppen. Sie reichen bis an den Malchiner und Kummerower See heran, die selbst nur wenige Zentimeter über dem Meeresspiegel liegen.
Seit 1862 sind Peenefluß und -Kanal so ausgebaut, daß darauf Schiffahrt möglich ist. So kam die ehemalige Hansestadt Anklam als Tor zur Ostsee zu neuer Bedeutung. Jarmen, Demmin, Malchin entwickelten sich zu Binnenhandelshäfen, und über den Dahmer Kanal ist auch der Malchiner See mit jedem großen Boot erreichbar. Entlang der Peene haben sich Sümpfe und Flachmoore ausgebildet. Bei starkem Ostwind kann es zu Stauüberschwemmungen kommen, die sich vom Haff bis 100 km flußaufwärts nach Malchin auswirken. Die meisten Städte entstanden in der Zeit der deutschen Kolonisation im 13. Jahrhundert und beherbergen sehenswerte Baudenkmale. Der Naturreichtum ist vielfältig, viele Pflanzen und Tiere genießen besonderen Schutz in Natur- und Landschaftsschutzgebieten.
Wir beginnen unsere Tour am Zeltplatz C87 in Dahmen (auch Jugendherberge) und steuern gleich in nördlicher Richtung den Ort Bülow (Feldsteinkirche) an, um dann am windgeschützten Ufer des in diesem Teil nur 1 bis 3 m tiefen Sees in Westrichtung weiterzupaddeln. Kurz nach dem Ort sehen wir dicht am Ufer ein Hügel-

Die Lübecker Speicher von Demmin.

grab, wie es in dieser Gegend häufig vorkommt. Nach einem langgestreckten Erlenwäldchen erblicken wird die Feldsteinkirche von Bristow und halten uns nun ein wenig rechts. Das weiße Holzlattenviereck, der Einfahrtsdalben, weist uns den Weg zum Dahmer Kanal (9 km). Die folgenden 8 km bis nach Malchin gehören zu jenen, wie man sie auf dieser Tour noch öfter erleben kann. Die schilfumsäumten Ufer bieten stets das gleiche Bild, und die Gedanken beim Paddeln werden höchstens durch entgegenkommende Boote, Wasservögel oder aufspringende Fische abgelenkt.

Die 60 m hohe Kirchturmspitze von Malchin lockt zu einem Stadt- und Einkaufsbummel (bis Demmin sollten wir uns bevorraten). Dazu legen wir 1 km nach Unterfahrung der B 104 vor der nächsten Brücke rechts an. Bevor wir die Stadt verlassen, paddeln wir an der 48 m hohen und 120 000 t fassenden Getreidesiloanlage, dem jüngsten Wahrzeichen Malchins, vorbei. Die Saisongaststätte »Moorbauer« nach 3 km Peene-Kanal ist ein beliebter Treffpunkt der Wasserwanderer.

Der Kummower See empfängt uns ruhig, so daß wir nach rechts das östliche Seeufer ansteuern können. Das imposante Schloß Kummerow war ein typischer Sitz der feudalen Mecklenburger Landesherren. Wir errichten unseren »Sitz« auf dem Zeltplatz C2-Gravelotte nach 29 Tages-km. Der sich von hier aus über 1 km am Ufer hinziehende Wall aus Findlingen vor dem Steilufer ist ein Naturdenkmal.

Den Ferienort Verchen lassen wir am nächsten Tag rechts liegen und steuern die Aalbude am Eingang zum Peene-Kanal (nördlich) an. Nach 2 km Fahrt halten wir uns rechts, sonst landen wir im Röcknitzbach (Darguner Kanal) und sind nach weiteren 3 km kurz vor Dargun. Nun geht die Fahrt auf der zum Kanal erweiterten Peene vorwiegend in östlicher Richtung.

Nach der Tollense-Mündung sehen wir rechts das »Haus Demmin« und dahinter die Stadt mit ihrem 80 m hohen Kirchturm. Die Stadt selbst liegt auf einer 9 m hohen Sandscholle inmitten mooriger Wiesen und wird von der Peene fast umrundet. Trebel und Tollense gesellen sich dabei hinzu – so war die Stadt ein idealer Siedlungsplatz und hat eine bewegte Geschichte, in deren Verlauf ihre Zugehörigkeit zu Ländern und Herrschern oft wechselte. Nur langsam erholt sie sich von den Zerstörungen des letzten Krieges. Am Bootshaus der Segler finden wir nach 20 Tages-km einen Platz für unser Zelt.

Durch den Hafen geht es weiter, vorbei an den »Lübecker Speichern«. Nur noch selten hebt sich die Zugbrücke für große Schiffe. Nach 2 km mündet von links die Trebel, die man auch aufwärts paddeln kann. Nach der Eisenbahnbrücke haben wir Demmin endgültig hinter uns gelassen und sind nun wieder auf dem einsamen Strom, der hier durchschnittlich 60 m breit und 4 m tief ist. Nach 12 km erreichen wir die kleine, aber sehr alte Stadt Loitz und legen noch vor dem Hafen links an der Mündung des Ibitzbaches an. Der beschauliche kleine Marktplatz und ein gutes Mittagsmahl lohnen die Pause.

Die nach Loitz folgenden Einmündungen des Kuckucksgrabens (rechts, befahrbar ab Kruckow) und der Schwinge (links, befahrbar ab Pustow) lassen sich zwischen den vielen großen Torfteichen beiderseits der Peene kaum

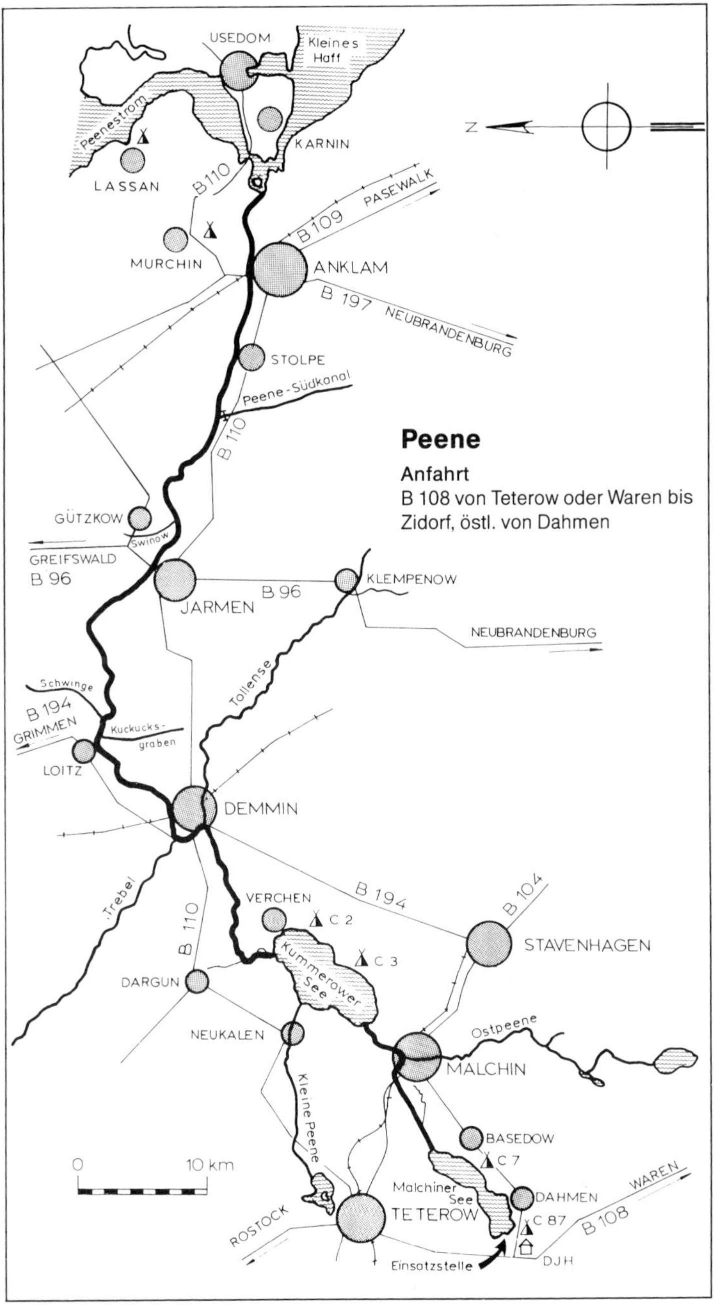

Peene

Anfahrt

B 108 von Teterow oder Waren bis Zidorf, östl. von Dahmen

Die alte Eisenbahn-Hubbrücke bei Karnin.

wahrnehmen. Erst nach 21 km, bei Jarmen, spannt sich die nächste Brücke über das Wasser. Am Bootshaus der Kanuten, 100 m hinter der Brücke, finden wir einen Platz für unser Zelt. Die Stadt hat nur noch 3500 Einwohner und ist durch Zuckerfabrik, Mühlenwerke und Handwerk geprägt.

Die letzten 27 km der Peene-Tour bis Anklam führen uns wieder durch einsame Niederung, umgeben von Torfteichen, Sumpf- und Schilfwiesen (teils NSG), in denen uns allerlei Wasservögel begegnen. Auffallend sind dabei Störche, Kraniche, Fischadler und -reiher, aber auch Rohrweihe und Milan kann man in diesem Gebiet immer öfter sehen. In den Erlenwäldchen sind die Sumpfbiber wieder heimisch geworden und knabbern manchen Baum an.

6 km nach Jarmen mündet links die Swinow. Paddelt man dort hinein, kommt man nach 500 m zum schilfgedeckten Bootshaus der Kanuten von Gützkow (Zeltmöglichkeit). Man kann die Swinow auch von Gützkow aus (3 km, zwei Wehre) befahren. Weitere 7 km später mündet rechts der in den 80er Jahren zur Bewässerung der »Großen Friedländer Wiese« gebaute Peene-Südkanal. Wenn man das große Pumpwerk (nach 500 m) umträgt, könnte man auf ihm ohne Hindernis, aber auch ohne Aussicht die 25 km nach Friedland (Tour 17) paddeln; aber das lassen wir lieber.

Wir fahren noch 4 km bis Stolpe und rasten in der historischen Gaststätte »Fährkrug«. Hier beginnt das Peenetalmoor, ein Lebensraum zahlreicher geschützter Tier- und Pflanzenarten. Nur noch 10 km sind es bis zum Hafen von Anklam. Dort gehen wir schon vor der Brücke rechts an Land und beenden die Tour. Von hier aus führt die Peene noch 10 km weiter durch Schilfgebiet (Peenewiesen, NSG) bis zum Oderhaff und der vorgelagerten Insel Usedom.

An der Mündung in den Peenestrom bieten sich uns bei ruhigem Wetter zwei Fortsetzungen: Nach Norden durch die Brücke der B 110 am Westufer entlang sind es 16 km bis zum Zeltplatz in der Lassaner Bucht. In Richtung Südosten zum Kleinen Haff beeindruckt uns bald ein mächtiges Stahlbauwerk mitten im Wasser. Das ist die Hubbrücke der ehemaligen Bahnlinie Berlin-Swinemünde bei Karnin, die nun seit 50 Jahren nicht mehr genutzt wurde. Nach 7 km Fahrt entlang dem verschilften Nordufer paddeln wir durch die »Kehle« in den Usedomer See bis in den Hafen (Gaststätte) von Usedom. Per Bus können wir wieder nach Anklam zurückfahren.

Charakter, Tips

Die Tour führt vom Malchiner See (0,6 m ü.N.N.) bis zur Mündung in das Oderhaff bei Anklam über 118 km von West nach Ost quer durch das pommersche Urstromtal im östlichen Mecklenburg. Die Strecke ist auf der gesamten Länge ganzjährig mit allen Bootstypen in beiden Richtungen befahrbar, aber auch windanfällig (besonders Kummower See). Empfehlenswert sind Zweier mit Steuereinrichtung. Nur auf wenigen Abschnitten ist eine schwache Strömung festzustellen. Die Peene verläuft größtenteils durch sumpfige Wiesen und nur selten durch Waldstükke. An ihrem Ufer liegen viele größere Ortschaften, die durch gute Straßen (B 110) miteinander verbunden sind.
Auf ihrem langen Lauf nimmt die Peene viele kleine und große Flüsse auf – die Ostpeene (Tour 13) bei Malchin, die Kleine Peene (Tour 12) bei Neukalen, die Tollense (Tour 14) und die Trebel (Tour 11) bei Demmin – und kann daher mit anderen Touren ganz oder teilweise kombiniert oder zur Fortsetzung auf dem Oderhaff genutzt werden.
Auch eine Verbindung mit den Jabelschen Seen (Tour 31) ist möglich, erfordert jedoch 6 km Landtransport von Klocksin (Flacher See) nach Dahmen (Malchiner See).
Zeltplätze gibt es nur am Malchiner See (C87, C7) und am Kummerower See (C2, C3) sowie in Murchin und Lassan. Weite Abschnitte sind von Schilf und Sumpfwiesen gesäumt und daher weder zum Anlegen noch zum Zelten geeignet. Jugendherberge Dahmen (Tel. 039933/5 52).
Die Kreisstädte Malchin, Demmin und Anklam sind zwar mit der Bahn erreichbar, aber nicht direkt miteinander verbunden.

Sehenswertes

Basedow: Schloß auf mittelalterlicher Burganlage im Renaissancestil; Dorfkirche (13. Jh.) mit berühmter Orgel.
Malchin: Stadtkirche St. Maria und St. Johannes (14. Jh.); Rest der Stadtmauer; Mauerturm; Kalensches und Steintor.
Kummerow: Schloß (1733); Dorfkirche (13. Jh.), Backsteingotik.
Demmin: (1249 gegründet, alte Grenzfeste zwischen Mecklenburg und Pommern) Stadtkirche St. Bartholomäus (14. Jh.), Backsteingotik mit Granitsockel und hohem Turm; Haus Demmin, Ruine einer frühdeutschen Burganlage; daneben klassizistisches Gutshaus; Luisentor (Jugendherberge) und Reste der Stadtbefestigung; Lübecker Speicher (19. Jh.), Fachwerkbau am Peene-Hafen; alte Fischerhäuser.
Loitz: (Gründung als slawischer Landesmittelpunkt, 12. Jh.) Stadtkirche St. Marien (13. Jh.), Backsteingotik; Rathaus (18. Jh.); Steintor (14. Jh.).
Stolpe: Reste des Benediktinerklosters (1153); historische Gaststätte »Fährkrug«.
Anklam: (1264 gegründet, ehem. Hansestadt) Steintor (32 m); Pulverturm (20 m); Denkmal für Flugpionier Otto Lilienthal (1848–1895); Marienkirche (13. Jh.); Stadtpark mit Tiergehege.

Karten, Kanu-Literatur

Generalkarte Ost, 1:200 000, Blatt 2 und 3; Touristenkarte Usedom-Wollin, 1:150 000; Touristenkarte Mecklenburger Seenplatte, 1:120 000; Wasserwanderatlas Mecklenburger Gewässer, 1:100 000, Blatt 48–54.
DKV-Gewässerführer für Ostdeutschland, Abschnitte 9 und 9.3.

11

Trebel

Tribsees – Demmin
_40 km_
2-Tage-Fahrt
Nebenfluß der Peene

Die Trebel gehört nicht zu den bekannten Urlaubsflüssen, und obwohl sie 45 km hindernisfreies und einigermaßen sauberes Wasser bietet, lohnt sie allein eine weite Anreise zu einer Wochenendtour sicher nicht. Plant man aber eine Weiterfahrt auf der Peene oder nutzt man die Trebel aufwärts zu einer Tour von Neubrandenburg (Tollense, Tour 14) über Demmin, Tribsees, Bad Sülze (Recknitz, Tour 8) und Ribnitz-Damgarten zur Ostsee, ist sie zu empfehlen, auch wenn sie weder Strömung noch großen touristischen Service bietet.
Am Wehr von Tribsees (Straße nach Stralsund) setzen wir unser Boot ein und fahren um den 13 m hohen Kronsberg herum. Das ist in dieser Ebene schon eine Höhe, die einen weiten Blick über das »Rauhe Moor« (NSG) gestattet. Im April haben wir dieses Gebiet auch einmal mit unserem Boot überwunden, obwohl die Einheimischen das nicht für möglich hielten und uns dafür die 6 km Asphaltstraße zum Umkarren nach Bad Sülze empfahlen. Kurz vor der Straßenbrücke nach Langsdorf bogen wir rechts in einen Kanal ein, setzten in die alte Trebel um und fanden in einer Kurve das Wehr zum Prahmgraben.
Von hier aus mühten wir uns durch viele verschilfte, schmale Gräben, beim mehrmaligen Umtragen immer wieder Kirche und Windmühle von Bad Sülze im Blick, in etwa

Gut behütet schläft das Kanukind auf langen Strecken.

Trebel

Anfahrt

B 194 von Stralsund oder Demmin bis Grimmen, Landstr. nach Tribsees-Bad Sülze bis Siemersdorf-Rekentin

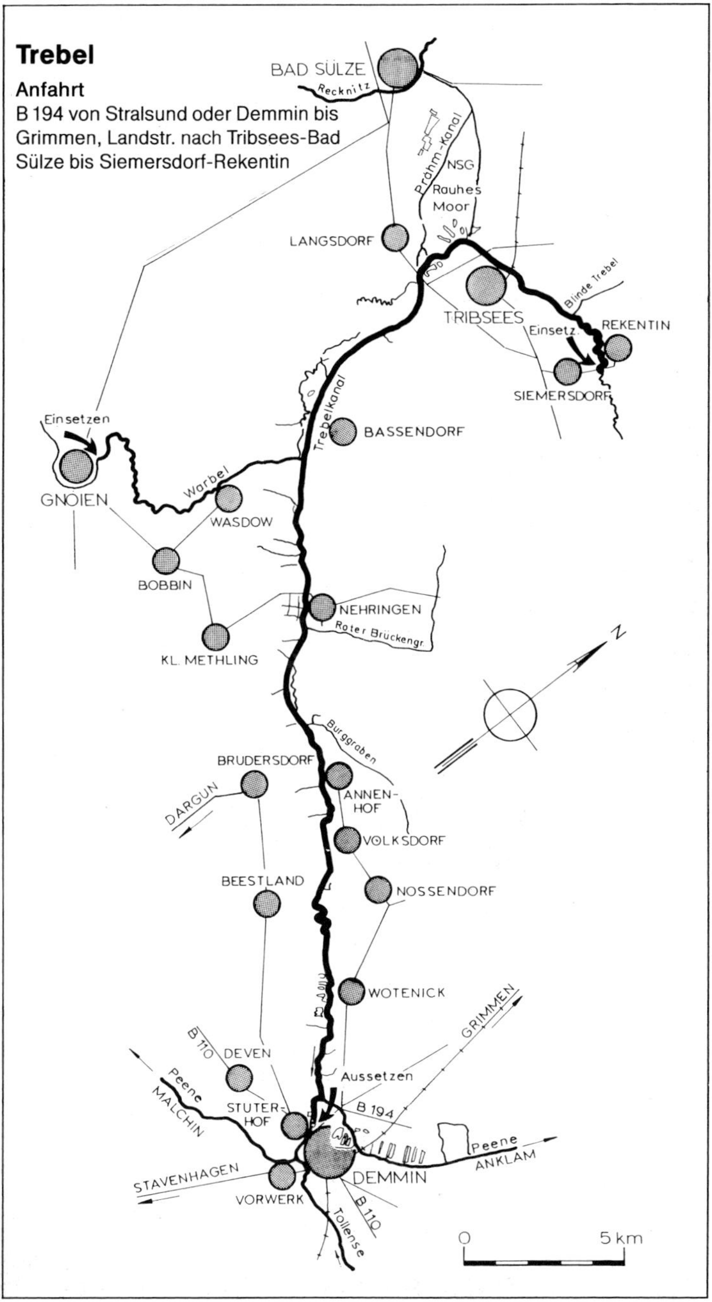

Die Warbel – ein lieblicher kleiner Nebenfluß zur Trebel.

2 Stunden zur Recknitz. Neugierig beobachteten uns Rehe und Störche dabei. Auch dieser Abschnitt war ein Erlebnis, aber einmal reicht!

Weiter auf der Trebel folgt ein 8 km langer Kanal bis zur Mündung der Warbel. So langweilig eine schnurgerade Wasserstraße zunächst auch aussieht, – wenn hin und wieder ein leuchtend blauer Eisvogel dicht über der Oberfläche dahinschwirrt, Fischreiher sich erheben und hoch über uns kreisen, am Ufer Sumpfdotterblumen blühen und die Birken im Frühjahr das erste Grün zeigen, macht das Paddeln doch Spaß. Die Warbel sind wir im Frühjahr auch schon gefahren. Von Gnoien fließt sie auf 11 km Länge mit etwa 6 m Gefälle durch Feld und Wald in zahlreichen Windungen recht flott bis zur Mündung bei Bassendorf. Hier könnte man

am linken Ufer unweit des Ortes auch das Zelt aufschlagen.
Wir setzen unsere Fahrt fort bis nach Nehringen. Hier machen wir erst mal eine Pause, sehen uns den Ort mit Burg und Schloß an und rasten im »Dorfkrug« an der Kirche. Die folgenden 19 km bis zur Mündung der Trebel in die Peene bei Demmin bieten noch weniger Abwechslung. Hier ist auf dem mindestens 35 m breiten Strom in der offenen Niederung auch mit Wind zu rechnen. Der nach Nehringen von links mündende Rote Brückengraben und der von Annenhof aus dem Medrower Holz fließende Burggraben lohnen nach unserer Meinung das Paddeln nicht. Die nächsten Dörfer liegen wenigstens 1 km vom Fluß entfernt, um vor Hochwasser sicher zu sein. Kaum ein Feldweg durchquert das Sumpfgebiet, und nur eine Brücke 3 km vor der Mündung bei Wotenick durchfahren wir.
Hat unser Boot die Peene erreicht, wenden wir uns nach rechts. Nach 1 km finden wir im Hafen gegenüber den hohen »Lübecker Speichern« noch vor der Straßenklappbrücke (B 110) rechts das Bootshaus der Demminer Rennkanuten, wo wir die Tour beenden können.

Charakter, Tips
Die Trebel ist ab Grimmen (Schwedengraben an der B 194, Richtung Stralsund) befahrbar. Die ersten 28 km mäandriert sie unreguliert und von vielen städtischen und landwirtschaftlichen Abwässern getrübt durch sumpfige Wiesen, hat hohe, morastige Ufer und eine geringe Strömung (3 m Gefälle). Erst nach Mündung des Ibitzbaches (von links) und der Blinden Trebel (von rechts, befahrbar ab Franzburg) 3 km vor Tribsees wird sie mehr als 15 m breit, tief und mäßig sauber. Von Tribsees bis Demmin (40 km) sind nur noch 30 cm Gefälle, so daß man auf dieser Strecke ganzjährig mit allen Bootstypen in beiden Richtungen paddeln kann. Die nur wenig befahrene, schiffbare Trebel bietet keine besonderen Attraktionen, jedoch haben in der ungestörten Natur der Sümpfe und Flachmoore des pommerschen Urstromtales seltene Pflanzen und viele Wasservögel gute Bedingungen gefunden, so daß auch diese Tour keineswegs langweilig sein muß. Von den befahrbaren Nebenflüssen wie Roter Brückengraben und Neuer Burggraben ist besonders die Warbel (ab Gnoien) zu empfehen. Die Verbindung zur Recknitz (Tour 8), der auf einigen Karten angegebene Prahm-Kanal, ist nie vollendet worden und wieder verlandet.
Nur im Frühjahr und mit mehrmaligem Umtragen kann man die 5 km von Langsdorf nach Bad Sülze auf Wiesengräben überwinden.
Offizielle Zeltplätze gibt es nicht. Unterkünfte sind in Tribsees, Grimmen und Demmin zu bekommen. Bahn/Busverbindung nach Gnoien, Tribsees, Demmin.

Sehenswertes
Grimmen: (Im 13. Jh. gegründet, gehörte 1648–1815 zu Schweden, seit 1961 Erdöl- und Erdgasfunde im Kreis) Rathaus; Marienkirche (14. Jh.), Backsteingotik; Tribseer Tor; Stralsunder Tor; Greifwalder Tor; Schloßberg mit Wasserturm (schöner Ausblick).
Tribsees: Mühlentor; Steintor; St.-Thomas-Kirche (Mühlenaltar).
Nehringen: Burgruine (12. Jh.); Schloß; Dorfkirche.
Wasdow: Alter Burgturm an der Warbel.
Demmin: Siehe Tour 10.

Karten, Kanu-Literatur
Generalkarte Ost, 1:200 000, Blatt 2; Wasserwanderatlas Mecklenburger Gewässer, 1:100 000, Blatt 58, 59.
DKV-Gewässerführer für Ostdeutschland, Abschnitt 9.1.

12

Kleine Peene

Teterow – Malchin
30 km
1–2-Tage-Fahrt
Nebenfluß der Peene

Ob die Stadt Teterow ihren Namen vom wendischen »Teter« – Auerhahn – bekommen hat, wissen wir nicht genau. Sicher ist, daß die Wenden in dieser schönen Landschaft schon im 6. Jahrhundert siedelten und auf der Insel im Teterower See eine Burg bauten, zu der eine 720 m lange Holzbrücke führte (einmalig in Europa). Ein Rundgang über die kopfsteingepflasterten, engen Gassen bringt uns auch zum Marktplatz mit dem Hechtbrunnen, einem Wahrzeichen der kleinen, alten Stadt. Die Geschichte dazu kann jeder Teterower erzählen: Zwei Fischer setzten einen prachtvollen Karpfen nach dem Fang wieder aus, um ihn für das Königsschußfest aufzubewahren. Obwohl sie ihm eine Glocke umgebunden und an der Fundstelle eine Kerbe ins Boot geschnitten hatten, fand ihn bis heute keiner wieder.

Wir werden uns an der Suche nicht beteiligen, sondern an der Badestelle nahe dem Bahnhof am Teterower See (daneben Jugendherberge C 11 und Bootshaus der Kanurennsportler) unsere Boote ins Wasser setzen. Die Fahrt kann sowohl nach links (nach 1 km durch die Holzbrücke rechts) als auch nach rechts um die Insel Sauerwerder führen. Die Burgwallinsel lassen wir anfangs rechts liegen, überqueren die Route der kleinen Seilfähre und können bei Bedarf an der Ausflugsgaststätte rechts anlegen. Ein Spaziergang auf der Insel ist sehr empfehlenswert – eine landschaftliche Perle, unter deren hohen Kiefern die Wälle der wendischen Burganlage gut erkennbar sind. Gegenüber auf der Halbinsel Schnakenlang und dem angrenzenden Naturschutzgebiet sowie auf weiteren Erlen-, Sumpf- und Moorgebieten und im Schilf der Buchten rings um den See sollen 107 Vogelarten nisten.

Um sie nicht zu stören, halten wir ausreichenden Abstand vom Ufer. Der einzige Abfluß des Sees – ein schmaler Kanal in der Nordostecke – ist leicht zu finden. Schon nach 200 m rutschen wir über ein kleines Wehr und spüren die angenehme Strömung. An der Straßenbrücke von Alt-Sührkow steht ein Naturdenkmal unmittelbar am

Bald haben die Biber diesen großen Baum gefällt.

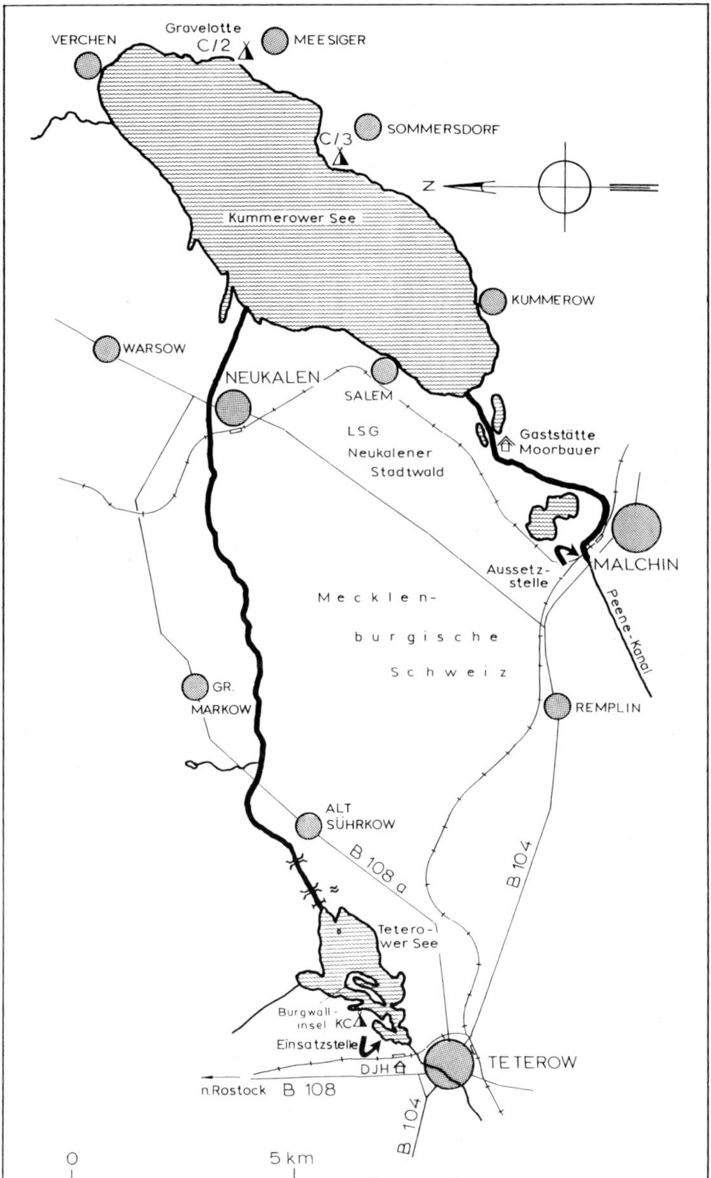

Kleine Peene

Anfahrt
BAB 19 (Berlin–Rostock), Abzweig Güstrow, B 104 östl. bis Teterow

Kanal – eine viele hundert Jahre alte Eiche. Die kurze Schwallstrekke unter der Brücke beschleunigt unsere Fahrt noch einmal, bevor wir eine Strecke von fast 2 km mit dichtem Schilfwuchs überwinden müssen. Zum Glück finden wir auch hier mit der Strömung immer einen Durchschlupf für unser Boot. Im April geht das recht gut, aber im Sommer bei weniger Wasser und hohem Schilf kann es schwieriger werden.

Nach der Durchfahrt unter der B108a und spätestens an der Mündung der Peene von links gibt es keine Probleme mehr – nun sind wir schon auf 0,5 m ü.N.N., haben also bis zum Kummerower See nur noch 30 cm Gefälle auf 11 km. Bis Neukalen schlängelt sich die Peene immer breiter und tiefer werdend durch Wald und Wiesen. Die Ufer sind flach, so daß wir auch gute Ausblicke über das Gelände haben bis zu den Kiefern- und Buchenwäldern auf den Höhen des Hardtberges (125 m, Sendemast). Weithin sichtbar ist auch die Spitze der Kirche von Neukalen.

Nach der Straßenbrücke von Neukalen legen wir links an der Gaststätte »Zum Hafen« (Motel) zu einer Pause an. Ein Gang durch die alte Kleinstadt macht auf uns den Eindruck, als ob die Zeit hier stehengeblieben sei – leider nicht für viele alte Gebäude, an denen ganz deutlich der Zahn der Zeit nagt.

Nach 2 km paddeln wir auf dem Peene-Kanal. Hier dürfen wir nicht am linken Ufer anlegen, weil sich dahinter das Naturschutzgebiet »Große Rosin-Wiesen«, ein wertvolles Feuchtbiotop mit interessanter Vogelwelt, befindet, das auch noch 2 km des Ufers am Kummerower See einnimmt. Der See empfängt uns mit frischem Wind aus Südwest – aus unserer Fahrtrichtung. Also bleiben wir dicht unter Land, soweit es das sehr flache Ufer und das Schilf zulassen, und schaukeln vorbei an der Bungalowsiedlung von Salem und dem Dörfchen Gorschendorf. Dahinter erheben sich die Höhen des Naukalener Stadtwaldes (bis 99 m ü.N.N., Friedrich-Franz-Höhe, LSG Gülitzer Endmoräne) mit schönen Wanderwegen in hohem Buchenwald. Vom Schloß Kummerow auf der anderen Seeseite sehen wir nur die Silhouette des großen Hauptgebäudes. Ein andermal (Tour 10, Peene) werden wir es besuchen.

Die Einfahrt zum Peene-Kanal ist gut gekennzeichnet. Jetzt haben wir wieder ruhiges Wasser vor uns. Die Saison beim »Moorbauer«, einer bei allen Wassertouristen beliebten Gaststätte, be-

Ein neues Wahrzeichen von Malchin – das große Getreidesilo.

ginnt erst im Mai. Der anschließende breite Kanal ist schnurgerade und wirkt endlos. Es sind aber nur noch 2 km bis zum Hafen von Malchin, vorbei an den großen Getreidesilos, dem neuen Wahrzeichen der Stadt. Das Anlegen ist nicht ganz einfach. Man kann geradeaus in den Bootshafen fahren. Wir paddelten lieber weiter nach rechts und legten nach der Straßenbrücke links an. Dort findet man einen Platz fürs Auto und ist nicht weit vom Bahnhof entfernt.

Charakter, Tips

Eigentlich verdient die Tour diesen Namen nicht. Die richtige Kleine Peene sammelt sich im Hohen Holz, einem Wäldchen südwestlich von Teterow, durchfließt die Kanalisation der Stadt und endet schon nach 4 km im Teterower See. Alle Gräben und Flüßchen, die ringsum an seinen buchtenreichen, meist sumpfigen Ufern münden, lohnen die Befahrung nicht. Auch der einzige Abfluß, ein kleiner Kanal, ist nur mit guter Strömung im Frühjahr zu passieren, sonst ist er zu verschilft. Im Sommer kann man an der Brücke der Landstraße Teterow–Neukalen (B 108a) zwischen Alt-Sührkow und Groß Markow in die Peene einsetzen. Erst von dieser Stelle an ist die Peene befahrbar, denn kurz vor dieser Straße vereinigen sich einige Flüßchen mit der Peene, deren Quellgebiet 15 km weiter nördlich in der Nähe von Gnoien liegt. Nach Zusammenfluß mit dem kleinen Kanal aus Teterow verläuft sie ohne Hindernis und mit kaum spürbarer Strömung nach Neukalen in den Peene-Kanal und ist mit allen Bootstypen befahrbar. Das Gefälle vom Teterower See zum Kummerower See beträgt auf 15 km 2 m; ein befahrbares Wehr und kleine Schwallstrecken. Für die Fahrt auf dem großen und wenig windgeschützten Kummerower See sind Spritzdecken und Steuer dringend zu empfehlen. Man kann die Tour auf dem Kummerower See entlang der Peene in Richtung Demmin–Anklam fortsetzen (Tour 10). Wir haben die Tagestour nach Malchin empfohlen, weil man so einen ersten Eindruck von der Peene-Landschaft bekommt und die verkehrsreiche Verbindung Malchin–Teterow (Bus, Bahn, Pkw) gute Bedingungen für An- und Abreise bietet. Die 19 km lange Strecke von Teterow bis zum Kummerower See, bestehend aus Flüßchen, Gräben, Kanälen und Seen, und insgesamt 30 km bis nach Malchin kann man an einem Tag bewältigen, und deswegen haben wir sie nach dem Anfang »Kleine Peene« genannt. Unterkünfte sind in Teterow, Neukalen und Malchin zu bekommen. Am Kummerower See liegen die Zeltplätze C 2 bei Meesiger und C 3 bei Sommersdorf. Die Kanubootshäuser in Teterow und Malchin sind selten geöffnet und nicht zum Zelten geeignet. Jugendherberge Teterow, Seebahnhof (Tel. 03996/26 68).

Sehenswertes

Teterow: Umgebung »Mecklenburgische Schweiz«, Stauchendmoräne bis 125 m (Hardtberg); Burgwallinsel im Teterower See, Wendensiedlung 6.–12. Jh.; Reste der Stadtmauer mit Rostocker und Malchiner Tor; Stadtkirche St. Peter und Paul (13. Jh.), Backsteingotik; kreisrunder alter Stadtkern mit gitterförmigem Straßennetz; Teterower Bergring, seit 1930 Europas schönste Gras-Berg-Rennstrecke in den Heidbergen; Hechtbrunnen auf dem Marktplatz (1913).
Neukalen: Stadtkirche St. Johannes (15. Jh.), Backsteingotik.
Malchin: Siehe Tour 10.
Kummerow: Barockschloß und Park (18. Jh.), direkt am Seeufer.

Karten, Kanu-Literatur

Generalkarte Ost, 1:200 000, Blatt 2; Wasserwanderatlas Mecklenburger Gewässer, 1:100 000, Blatt 50, 51, 48; Touristenkarte Mecklenburger Seenplatte, 1:120 000 (teilweise).
DKV-Gewässerführer für Ostdeutschland, Abschnitt 9.

13

Ostpeene

Schloen – Malchin
29 km
Tagesfahrt
Nebenfluß der Peene

Etwa 4 km südwestlich von Groß Plasten im Peeneholz, einem kleinen Wäldchen, umgeben von Hügelgräbern, großen Eiszeitfindlingen und uralten Eichen, hat die Ostpeene ihren Ursprung; erst wenn sie die B 192 passiert hat, kann man darauf paddeln. Wir beteiligten uns an der traditionellen »Frühjahrswildflußfahrt der Neubrandenburger Kanuten«. Es ist natürlich etwas anspruchsvoll, in Ostmecklenburg von »wilden Flüssen« zu sprechen, aber die Ostpeene ist so ziemlich das Wildeste, was hier zu finden ist.

Nach dem Wehr in Schloen entdecken wir eine kleine Wiese zum Einsetzen und sind nach kurzer Fahrt auf dem schönen Torgelower See. Von der Insel am nördlichen Ende und dem gegenüberliegenden Ufer halten wir genügend Abstand, um die hier sehr zahlreich nistenden Kormorane nicht zu stören. Am Seeausgang umtragen wir ein Wehr und später in Groß Gievitz auch noch ein niedriges Rohr. Danach ist der Fluß bis zum Faulenroster Holz (4 km) kanalisiert und nicht besonders attraktiv. Dort kann es dann schon die ersten Baumhindernisse geben. Dafür entschädigt uns der schmale, langgestreckte Rittermannshagener See, auf dem wir uns rechts halten. Wenn wir auf den ersten Teil der Fahrt verzichten wollen (11 km), können wir auch hier am Ostufer beim Fischerbootshaus (Zufahrt vor der Kirche) einsetzen.

Bald haben wir Faulenrost erreicht; von weitem schon sehen wir das alte Schloßgebäude und die Dorfkirche. Vor der Straßenbrücke halten wir rechts an und legen im »Peene-Krug« (50 m links) eine Rast ein.

Das Wehr unter der Straßenbrükke ist im Kunststoffeiner meist befahrbar. Nun nimmt die Strömung bald zu, und von rechts mündet etwa 1 km später die Kittendorfer Peene. Wir genießen die Kurven in hügeliger Landschaft. Kleine Schwälle beschleunigen die Fahrt, und wir weichen den das Ufer

Am Ausgang des Rittermannshagener Sees.

Ostpeene

Anfahrt
B 192 von Waren oder Neubrandenburg bis Neu-Schloen, Landstr. nach Schloen

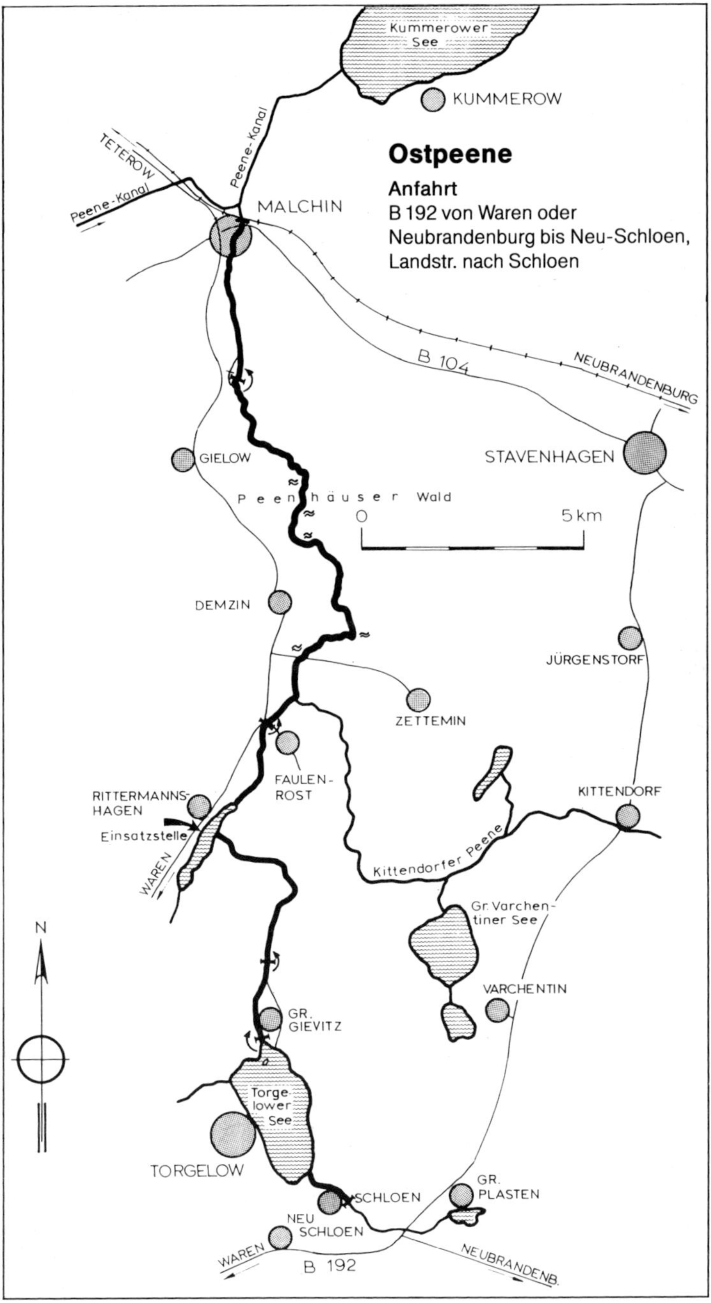

säumenden Erlen und Weiden geschickt aus. Von besonderem Reiz ist die Fahrt durch den leider nur 3 km langen Benz, einen Eichen- und Buchenwald, durch den sich die Ostpeene ein schönes Tal gebahnt hat. Im Fluß liegende Buchen zwingen uns zweimal zum Aussteigen, gerade an Stellen, wo unter hohen Bäumen weithin weiße Anemonen leuchten. Vor der Gielower Mühle müssen wir noch ein paarmal über umgefallene Erlen steigen. Der alten Wassermühle und ihrem »Möller Voß« hat schon Fritz Reuter (niederdeutscher Dichter 1810 bis 1874) in seiner Erzählung »Ut de Franzosentid« ein Denkmal gesetzt.

Wir tragen unsere Boote rechts um, haben anfangs noch etwas Mühe, aber nach dem Zusammenfluß mit dem Mühlenwasser geht es dann noch einmal zügig die letzten 3 km bis nach Malchin. Schon von weitem grüßt uns der hohe, spitze Turm der Stadtkirche. An einer Parkanlage rechts vor der Straßenbrücke der B 104 finden wir einen günstigen Platz zum Aussetzen.

Wenn wir die Tour auf der Peene (Tour 10) fortsetzen möchten, müssen wir das Wehr an der Straßenbrücke umtragen und gelangen nach Unterfahrung der beiden Eisenbahnbrücken in einen Kanal, der zum Peene-Kanal führt.

Charakter, Tips

Die Ostpeene beginnt als ruhiger, kleiner Wiesenfluß in 45 m ü.N.N. bei Klein Plasten (Kreis Waren an der B 192), wird von mehreren Seen gespeist und fließt mit schwacher Strömung ohne wesentliche Hindernisse (vier Wehre) bis Faulenrost (18 km, 31 m ü.N.N.). Nach dem Zusammenfluß mit der Kittendorfer Peene (nicht zum Paddeln empfehlenswert) wird sie breiter und lebhafter und zieht je nach Wasserstand mit langen, teilweise auch steinigen Schwällen kurvenreich durch hügelige Endmoränenlandschaft bis nach Malchin (Faulenrost – Malchin 16 km, 30 m Gefälle). Besonders im Buchen- und Eichenwald vor Peenhäuser, dem Benz (teilweise NSG), und in dem danach folgenden Erlenbruch muß mit Baumhindernissen gerechnet werden. An der Gielower Mühle (Wasserfall, 5 m) muß man 50 m umtragen. Bis auf Unrat in Ortsnähe ist das Wasser sauber. Am günstigsten für diese Tour sind Kunststoffeiner. Zweier sind möglich, Faltboote nicht zu empfehlen.

Einsatzstellen können sein: die Brücke an der Straßenkreuzung Stavenhagen – Neubrandenburg – Waren, in Schloen an der Straßenbrücke, in Torgelow an der Bootsanlegestelle und in Groß Gievitz (Straßenbrücke) oder Rittermannshagen (Bootsschuppen).

Fahrtende ist der Park in Malchin, rechts vor der Brücke der B 104.

Offizielle Zeltplätze gibt es in dieser Gegend nicht. Unterkunftsmöglichkeiten sind in den Orten Groß Gievitz, Faulenrost und Malchin zu finden. Busverbindung zu allen Orten; Bahnanschluß nur in Malchin.

Sehenswertes

Schloen: Alte Dorfkirche.
Groß Gievitz: Dorfkirche (13. Jh.), Feldsteinbau.
Faulenrost: Barockschloß (18. Jh.) mit Torhäusern (1969 teilweise zerstört).
Gielow: Dorfkirche (15. Jh.); Wassermühle.
Malchin: Siehe Tour 10.
Varchentin: Landschloß (ab 1995 Hotel).

Karten, Kanu-Literatur

Generalkarte Ost, 1:200 000, Blatt 2;
Wasserwanderatlas Mecklenburger Gewässer, 1:100 000, Blatt 48/49;
Touristenkarte Mecklenburger Seenplatte, 1:120 000.
DKV-Gewässerführer für Ostdeutschland, Abschnitt 9.3.1.

14

Tollense

Neubrandenburg – Demmin
_75 (95) km_
2–3-Tage-Fahrt
Nebenfluß der Peene

Wie die meisten Neubrandenburg-Touristen nähern wir uns dem Tollensebecken von Süden auf der B 96. Kurz vor der Ortschaft Usadel, am Parkplatz des Motels, halten wir an, um einen ersten Rundblick über diese schöne Landschaft zu genießen. Links vor uns sehen wir die Lieps, einen malerischen See mit kleinen Inseln, den wir leider nicht befahren dürfen (NSG).
Blicken wir (vom Motel »Usadel«) weiter nach rechts, entdecken wir schon den Tollensesee, eingebettet zwischen den Höhenzügen von Tollenseheim (rechts) und Wustrow–Alt-Rehse–Brodaer Holz (links).
Wir fahren noch 11 km mit dem Auto weiter bis nach Neubrandenburg und kommen dabei durch das Nemerower Holz, einen dichten Mischwald, durch den viele Talwege direkt zum Tollensesee führen. Wenn wir die ersten Häuser am Lindenberg erreichen, können wir fast die ganze Stadt überblicken, biegen aber gleich an der ersten Ampelkreuzung nach links in die Lindenstraße und kommen am letzten Haus rechts (Nr. 6) bei den Wanderpaddlern von Motor Süd Neubrandenburg an, die uns gern für zwei Tage an ihrem gutausgestatten Bootshaus Zeltmöglichkeiten zur Verfügung stellen. Der Verein besteht seit 1954 und hat entscheidend zur Entwicklung des Kanusports in dieser Region beigetragen.
Den nächsten Tag nutzen wir zu einer Rundfahrt auf dem See. Dabei müssen wir die Richtung von Wind und Sonne beachten, denn jedes Ufer ist zeitweise begünstigt. Unser Boot steuert zunächst das Schlößchen Belvedere am gegenüberliegenden Steilufer an. Von diesem klassizistischen Tempel (früher Kriegerdenkmal) hat

Trainingsfahrt der Neubrandenburger Paddler.

man eine schöne Aussicht auf Stadt und See.
Wir paddeln weiter nach Buchort, entlang einer Bojenreihe, die die Rennkanuten des Sportclubs als Meßstrecke nutzen. In Buchort finden wir eine schöne Liegewiese mit Strand, die auch für FKK-Anhänger zugelassen ist. Hier im Brodaer Wald steht ein Gedenkstein für den Turnvater Jahn, der dort die Neubrandenburger Jugend 1803 für Spiel und Sport begeistern wollte. 2 km südlich ist der beliebte Campingplatz C 8-Gatsch-Eck mit Dampferanlegestelle und Einkaufsmöglichkeiten.
Wir halten uns nicht lange in dieser Ansammlung von Bungalows, Zelten und Hausbooten auf, erreichen weitere 3 km danach die Seespitze vor dem Forsthaus »Meiershof« und nutzen den schönen Strand zu einem erfrischenden Bad. Die folgende Bucht müssen wir meiden – diese Region bei Alt-Rehse gehört der Bundeswehr.
Unser nächstes Ziel ist Wustrow. Im kleinen Hafen finden wir eine günstige Anlegestelle und wandern ca. 500 m zum 58 m hohen Kegelgrab, das man bei klarem Wetter bereits von Neubrandenburg aus sehen kann. Im Schatten alter Ulmen liegend, lassen wir das Bild vom See und seiner Umgebung auf uns wirken.
1,5 km hinter Wustrow befindet sich die kleine Siedlung »Siehdichum«. Der Ortsname fordert den Wanderer geradezu auf, den schönen Rundblick (90 m ü.N.N.) zu genießen. In der Bucht vor Wustrow ist die Wasserfläche bedeckt mit Seerosen. Ihre gelb-weißen Blüten leuchten darin wie kleine Sterne. Enten, Bläßhühner, Haubentaucher und mehrere Schwanenfamilien können wir hier und im dichten Schilf rings um den See beobachten.
Wir stören diese Idylle nicht und finden eine Durchfahrt hinter der Fischerinsel, die wir nicht betreten dürfen (NSG) und daher links liegen lassen. Auch von der Einfahrt in den Kanal zur Lieps halten uns die Verbotsschilder mit eindeutigen Erläuterungen zum Naturschutz ab. An der Dampferanlegestelle Nonnenhof machen wir unsere Boote fest und können im Gartenlokal gut essen. Hier fließt auch der Nonnenbach in den See. Er kommt vom 43 m höher gelegenen, etwa 6 km entfernten Wanzkasee und schlängelt sich von dort durch das wildromantische Nonnenbachtal (NSG).
Hinter der Schiffsanlegestelle von Klein Nemerow gehen wir an Land. Neben einer von vielen Ausflüglern besuchten Liegewiese sehen wir die Ruine der Scheune der Johanniter-Komturei aus dem 14. Jahrhundert, deren Feldsteine aber auch schon zum Bau von Bungalows in den naheliegenden Siedlungen herhalten mußten. Vor der Gaststätte »Heidehof« steht die Grabplatte des Komturs v. d. Groeben (1620). Während wir unseren Kaffee im Freien trinken, können wir vom Steilufer wieder weit über den See blicken.
Am Nachmittag paddeln wir die 6 km zurück nach Neubrandenburg, vorbei am hügeligen Nemerower Holz. In Höhe der dritten Landecke blicken wir zu einem Aussichtsturm hinauf. Er steht auf Behms-Höhe (60 m ü.N.N.) und wird nach seiner Rekonstruktion bald wieder einen schönen Rundblick ermöglichen. Dann geht es wieder zum Bootshaus der Wanderpaddler. Selbstverständlich statten wir auch der sehenswerten Innenstadt von Neubrandenburg einen Besuch ab. Um den Kern der ehemaligen Bezirksstadt wandern wir auf dem Wall, dem Park-

Tollense

Anfahrt

B 96 von Stralsund oder Berlin; oder BAB 11, Abzweig Prenzlau, über Woldeck bis Neubrandenburg

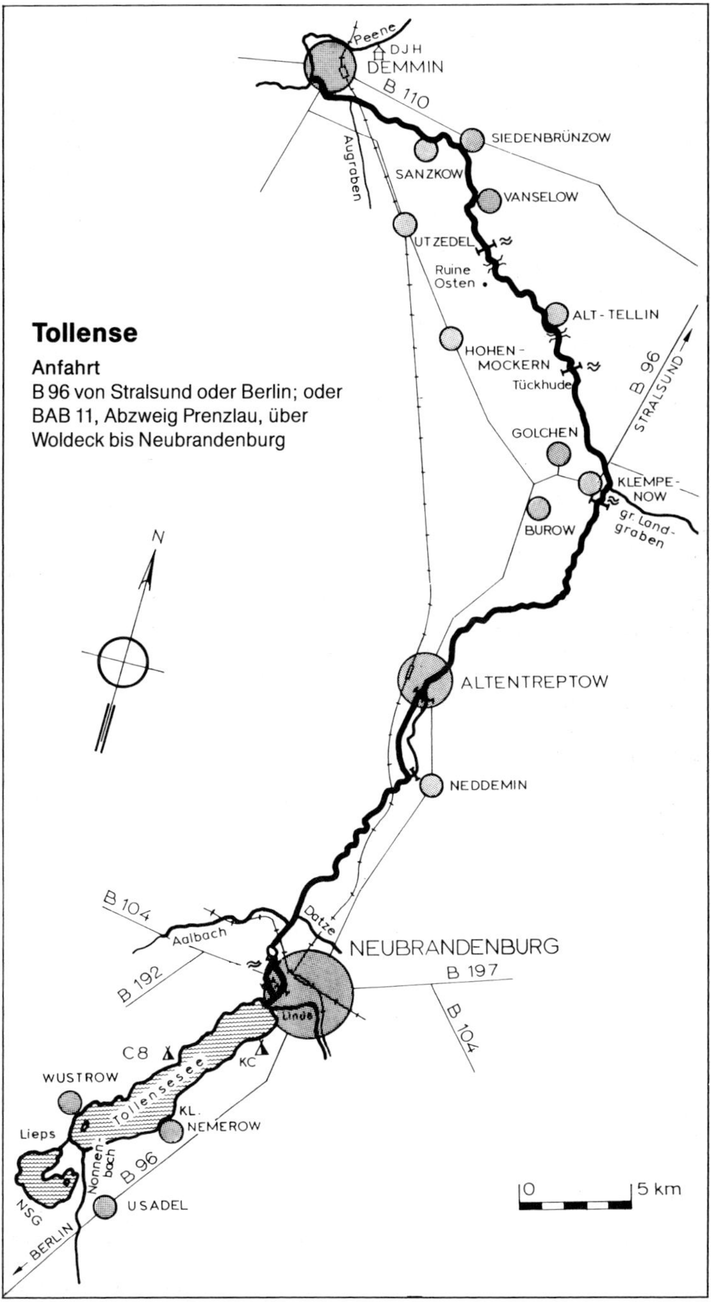

Über den Oberbach spannt sich das »Blaue Wunder«.

gürtel, rund um die 2,7 km lange Stadtmauer mit den berühmten vier gotischen Toren. Von der Aussichtsplattform des »Kulturfingers« am Marktplatz sehen wir über den historischen Stadtkern bis zu den moderneren Stadtteilen auf den Höhenzügen der Umgebung.

Anderntags rüsten wir zur Weiterfahrt auf dem Tollensefluß. Wir paddeln über den See, lassen die Anlegestelle der Fahrgastschiffe, die große Ausflugsgaststätte »Badehaus« und die kleine Insel mit dem Bootsverleih rechts und den Badestrand von Broda links liegen und biegen in den Oberbach ein, der am Beginn vom »Blauen Wunder«, einer Fußgängerbrücke, überspannt wird. Wenn der Ölmühlenbach (kanalisiert) gleich danach links nicht gerade abgesperrt ist, bleiben uns zwei Möglichkeiten für die Weiterfahrt:

Entweder wir paddeln auf dem genannten Kanal links um die Stadt und müssen dabei ein Wehr und die Forellenzuchtanlage (ca. 100 m) umtragen. Oder wir paddeln weiter in die Stadt, vorbei an vielen Bootsschuppenhäfen und den Bootshäusern des Sportclubs bis zur Vierrademühle. Dort tragen wir über die B 104 um. Darunter ist ein hohes Wehr; danach geht es mit flotter Fahrt weiter, aber mit Hindernissen und flachen Stellen müssen wir anfangs immer noch rechnen.

Kurz nach dem Zusammenfluß mit dem Ölmühlenbach an einer Eisenbahnbrücke ist ein zerfallenes Wehr zu beachten, und bei geringem Wasserstand kann auch das anschließende »Torfloch« zum Verhängnis werden, denn wenn man erst im zähen Schlamm steckt, ist an Aussteigen nicht mehr zu denken, es wäre lebensgefährlich.

Bald nachdem wir die Bahnlinie (Richtung Malchin) unterquert haben, nimmt die Tollense gleich zwei Flußläufe auf. Von rechts die Datze (aus Friedland, nicht befahrbar) und von links den Aalbach (von Penzlin, Tour 15). In vielen Mäandern windet sich die Tollense nun zur Bahnlinie Neubrandenburg–Demmin und unterquert sie kurz vor einem hohen Wehr. Wir biegen vor dem Wehr links in den Randkanal.

6 km lang haben wir nun immer die hohe Spitze der gotischen St.-Petri-Kirche von Altentreptow vor Augen, ehe wir sie und das Mühlenwehr erreichen. Nach dem Mittagessen im »Deutschen Haus« machen wir noch einen kurzen Einkaufsbummel um den kleinen

Marktplatz, denn bis Demmin haben wir dazu dann kaum noch Gelegenheit.
Nachdem wir unser Boot wieder auf die Tollense gesetzt haben, um die letzten 19 Tages-km zu paddeln, geht es erst recht schnell unter zwei Straßenbrücken durch, aber schon bald wieder gemach und kurvenreich durch leicht hügelige Landschaft. Leider sehen wir nicht sehr viel davon, da die steilen Uferböschungen uns daran hindern.
Bald erspähen wir die Spitze der Burg Klempenow, müssen aber noch einige Mäander durchpaddeln, ehe wir sie erreichen. Zur Belohnung dürfen wir noch ein kleines Wehr hinunterrutschen, dem sich ein lebhafter Schwall anschließt, ehe von rechts der große Landgraben (von Friedland) mündet. Wir biegen nach links ein und steigen kurz vor der Brücke links an Land. Ein Platz für unser kleines Zelt und Trinkwasser sind bald

Am Mühlenwehr von Altentreptow machen wir Mittagsrast.

gefunden. Wir haben auch noch Zeit, uns die Burg anzusehen bzw. den einen fast verfallenen Turm von den ehemals vier Ecktürmen mit markantem steinernen Helm der im 16. Jahrhundert erbauten Anlage.
Die leichte Strömung der Tollense trägt uns am nächsten Morgen durch ein weites Tal. Nach 4 km erreichen wir das neue Wehr von Tückhude, das wir hinunterrutschen. Hier könnte man auch zelten und im naheliegenden Wald zwischen hohen Buchen uralte Hügelgräber finden. Früher wand sich die Tollense in Mäandern durch das Tal, so breit es ist. Viele Abschnitte sind nun begradigt und damit schneller geworden.
Die nächste Straßenbrücke quert den Fluß erst bei Alt-Tellin (Einkaufsmöglichkeit, schöne kleine Feldsteinkirche). Zwischen zwei Wäldern kommen wir an die nächste Brücke. Links davor sind unter hohen Eichen die Grundmauern der Burgruine Osten verborgen. Das nach 500 m folgende letzte Tollensewehr können wir glatt durchfahren. Nach den Orten Vanselow und Siedenbrünzow (rechts) und Sanzkow (links) wird der Fluß breiter und langsamer, so daß wir die letzten 6 km, dazu noch gegen heftigen Westwind, kräftig paddeln müssen.
Kurz nach der Eisenbahnbrücke (Neubrandenburg–Stralsund) fließt der Augraben (von Stavenhagen) von links in den Fluß, 2 km vor der Mündung der Tollense in die Peene. Da Demmin im Schnittpunkt von vier Flußarmen liegt, haben wir hier mehrere Möglichkeiten: Entweder wir steigen schon vor der Mündung an der Straße rechts aus – das ist der kürzeste Weg zum Bahnhof. Oder wir fahren nach der Mündung nach links in Richtung Nordost zum Kummero-

wer See–Malchiner See (Tour 10 aufwärts). Oder wir paddeln nach rechts bis zum Hafen, steigen in der Nähe der alten Zugbrücke aus und unternehmen einen Bummel durch die 750jährige Kreisstadt mit der hohen St.-Batholomäus-Kirche im Zentrum. Oder wir fahren weiter zur Mündung der Trebel (Tour 11). Oder wir folgen dem Lauf der Peene und finden am Bootshaus an der folgenden Straßenbrücke einen Platz für unser Zelt, um anschließend weiter in Richtung Anklam (Tour 10) zu paddeln.

Charakter, Tips

Das Tollensebecken (vom slawischen »doleniza«, Niederung) wurde vor ungefähr 16 000 Jahren geschaffen – eine typische Endmoränenlandschaft. Durch das Eis tief ausgeschürfte Becken füllten sich mit Wasser. Gletscherspalten, Toteisblöcke, Erosionsrinnen und Schmelzwasserbäche formten den 17,4 km^2 großen und bis zu 34 m tiefen, mehr als 10 km langen und 2 km breiten Tollensesee mit seiner hügeligen Umgebung und vielen schönen Seitentälern. Teile des oberen Tollensebekkens sind seit 1958 Naturschutzgebiet (Nonnenbachtal und Lieps). In der Uferzone mit ausgedehntem Buchen- und Mischwald und steilen Hängen gibt es Wanderwege.

Die Tollense ist ganzjährig mit allen Bootstypen befahrbar. Sie fließt mit schwacher Strömung (fünf Wehre) über Altentreptow (21 km) nach Demmin (75 km) und mündet dort in die Peene (Tour 10). In Demmin erreicht die Tollense dann Meeresspiegelhöhe. Der Fluß ist ab Neubrandenburg, bis auf Schwallstrecken kurz nach der Stadt, in Altentreptow und Klempenow überall ausreichend breit und tief sowie auch recht sauber. Lange begradigte Abschnitte wechseln sich mit vielen Kurven und Mäandern ab, und die umgebende Landschaft wird nach Demmin hin flacher. Die etwas gleichförmige Feld- und Wiesenniederung ist durch kleine Waldflecken unterbrochen.

Übernachtungsmöglichkeiten finden wir in Neubrandenburg, Altentreptow und Demmin; hier auch Jugendherberge (Tel. 03998/22 33 88). Außer am offiziellen Zeltplatz C 8 (Gatsch-Eck) am Tollensesee kann man an den Kanubootshäusern in Neubrandenburg und Demmin und auf mancher Uferwiese in der Nähe von Ortschaften zelten. Gute Bus- und Bahnverbindung entlang der Strecke.

Sehenswertes

Tollensesee: Klosterruine in Klein-Nemerow am Heidehof; Belvedere bei Broda (1823), klassizistischer Tempel; Granitfindlinge am Ufer bei Alt-Rehse und unterhalb von Behmshöhe; Jahnstein im Brodaer Wald.

Neubrandenburg: (1248 gegründet, Stadt der vier Tore) fast vollständig erhaltene Stadtmauer mit Wiekhäusern (14./15. Jh.); Marienkirche (13. Jh.), Backsteingotik, mit reich verziertem Ostgiebel (Ruine, Wiederaufbau zur Konzerthalle); nach 1950 neu bebauter Stadtkern und vier moderne Satellitenstädte; Franziskanerkloster (1226); Museum der Stadt.

Altentreptow: Pfarrkirche St. Petri (14. Jh.); zwei Stadttore (15. Jh.); großer Findling (140 m^3) am Klosterberg.

Alt-Tellin: Feldsteinkirche (16 Jh.).

Demmin: Pfarrkirche St. Bartholomäi (14. Jh.); Stadtbefestigung mit Luisentor.

Karten, Kanu-Literatur

Wasserwanderatlas Mecklenburger Gewässer, 1:100 000, Blatt 55–57; Touristenkarte Uckermark-Untere Oder, 1:150 000; Touristenkarte Usedom-Haffküste, 1:150 000.

DKV-Gewässerführer für Ostdeutschland, Abschnitt 9.2.

15

Aalbach

Penzlin – Neubrandenburg
25 km
Tagesfahrt
Nebenfluß der Tollense

Bevor wir die Tour angehen, können wir am Badestrand in den Großen Stadtsee einsetzen und eine Rundfahrt bis zum romantischen Kleinen Stadtsee unternehmen oder vom Stadtsee aus durch die westliche Ausfahrt um Penzlin herumpaddeln. Empfohlen sei dazu aber, vorher den Wasserstand am Durchfluß unter der B 192 (westlich von Penzlin) zu prüfen. Der erste Abschnitt kann sehr verkrautet sein.

Für unsere Wanderfahrt setzen wir die Boote in Penzlin in das Malliner Wasser ein, und zwar an der Brükke der Straße, die am Feuerwehrhaus abzweigt und nach Puchow führt. Mit etwas Mut rutschen wir das erste Wehr kurz nach der Stadt gleich hinunter (vorher ansehen). Die folgenden 2 km werden gern von Anglern genutzt (Wettkampfgewässer). Wir stören möglichst wenig und hoffen auf gegenseitiges Verständnis.

Der anschließende Malliner (oder Krukower) See ist durch jahrelange Abwasserbelastung sehr morastig. Schwefelige Gasblasen steigen auf, wenn wir zu nahe am Ufer paddeln. An der Nordspitze finden wir den Ausgang und dürfen zur Belohnung gleich wieder ein kleines Wehr hinuntersausen.

Unter der Straßenbrücke von Mallin beginnt eine Schwallstrecke, die Strömung nimmt zu, und die Umgebung ist abwechslungsreicher. Am zerfallenen Wehr bei Wulkenzin tragen wir besser rechts um. Die folgende Strecke kann kritisch werden, denn eine niedrige Holzbrücke und Erlengebüsch zu beiden Seiten erfordern bei heftiger Strömung volle Aufmerksamkeit. Im dichten Mischwald gibt es scharfe Kurven, kleine Schwälle und immer mal wieder Holz im Bach. Hier kann es auch passieren, daß dicht vor dem Boot Rehe, Damwild oder Wildschweine durch das Wasser von einem Ufer zum anderen wechseln.

Bald sehen wir einen großen Damm, der quer durch das Tal aufgeschüttet ist – keine Bange, ne-

Gleich nach Penzlin rutschen wir ein Wehr hinunter.

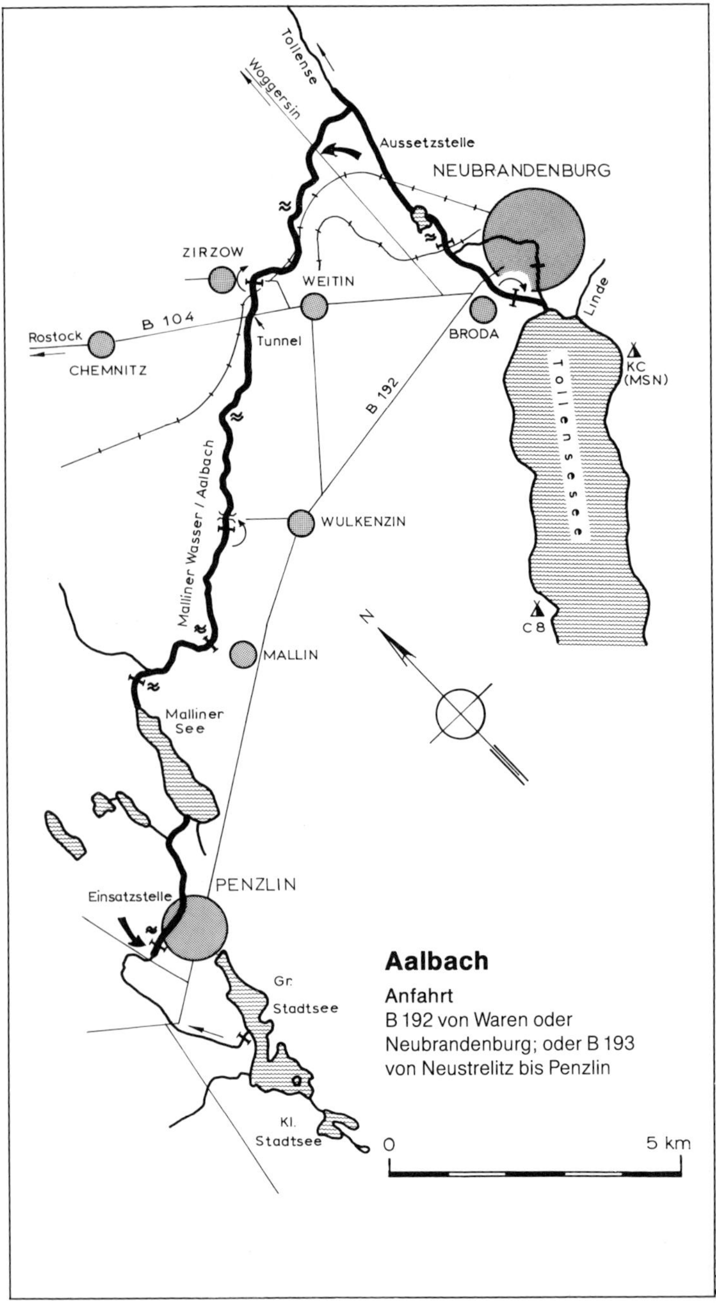

Aalbach

Anfahrt
B 192 von Waren oder Neubrandenburg; oder B 193 von Neustrelitz bis Penzlin

ben der Eisenbahn gibt es auch für den Bach einen langen Tunnel, den wir unbesorgt durchfahren können.
Am großen Wasserfall der Zirzower Mühle müssen wir noch einmal umtragen und haben dann noch 3 km recht wildes Wasser vor uns. Es geht vorbei an der Ruine der Krappmühle bis zur Landstraße nach Woggersin am Mörderberg. Hier könnte man die Fahrt beenden.
Wir halten jedoch durch und paddeln zum Tollensefluß, weiter nach rechts stromauf gegen geringe Strömung bis zu den Torflöchern, einem flachen Teich. Nach dem Ausgang (erst links, dann rechts halten) kommen wir bald zur Mündung des Ölmühlenbaches (rechts). Wenn wir diesem Flußlauf folgen, erreichen wir kurz danach die B 104 (Gaststätte »Hopfenburg«). Dort müssen wir aussteigen und gegen starke Strömung treideln.
An der Forellenmastanstalt und dem folgenden Wehr müssen wir die Boote noch zweimal links umtragen und kommen bald am Oberbach an. Nun sind es noch 1,5 km über den See ans Ostufer zum Bootshaus der Wanderpaddler von Motor Süd Neubrandenburg, wo wir unsere Fahrt beenden können (siehe Touren 14 und 16).

Charakter, Tips

Der Aalbach gehört zu jenen kleinen, wildromantischen Flußläufen, die im Gebiet der Mecklenburger Endmoränen liegen und aus einer hochgelegenen Seenkette durch ein enges Tal zum breiten, niederen Schmelzwassertal entwässern. Vom Penzliner Stadtsee mit seinen Zuflüssen aus dem Klein Vieler See und dem Rosenholz-Zippelower-Bachtal fließt er als kleiner Graben in westlicher Richtung um Penzlin herum nach Osten zum Malliner See und heißt hier auch noch Malliner Wasser. Der Abschnitt nach dem Wehr, wo sich dieses Wasser bald recht schnell durch Busch und Wald zur Tollense hinschlängelt und dabei auf etwa 10 km 25 m Gefälle aufweist, wird in den meisten Karten als Aalbach bezeichnet. Leider sucht man darin vergeblich nach Aalen; dazu ist das Wasser zu schmutzig, vor allem durch den stark belasteten Malliner See beeinflußt. Mit dem Bau des Klärwerks in Penzlin und weiteren Veränderungen in der Landwirtschaft wird sich das hoffentlich bald bessern. Natürlich muß man auch hier mit Hindernissen rechnen, die zum Aussteigen zwingen. Ein großes Wehr (Zirzower Mühle) ist zu umtragen, vier andere lassen sich je nach Wasserstand befahren. Vorsicht auch vor schwer erkennbaren Weidezaundrähten, die unvernünftigerweise quer über den Bach gespannt wurden. Guter Wasserstand und ein leichtes Kunststoffboot sind Voraussetzung für die Tour.
Offizielle Zeltplätze an dieser Strecke gibt es nicht. Unterkunftsmöglichkeit bietet das Heim »Seeperle« am Stadtsee. Das Fahrtende sollte man vorher planen. Empfehlenswert ist dazu ein zweiter Pkw, der kurz vor der Aalbach-Mündung (an der Straße nach Woggersin) abgestellt wird. Sonst bleibt nur, stromauf auf der Tollense zurück nach Neubrandenburg oder stromab nach Altentreptow zu paddeln, und beides kann recht anstrengend sein.

Sehenswertes

Penzlin: (Gegründet vor 1220, älteste Ansiedlung Mecklenburgs) Stadtkirche St. Nikolai (14. Jh.), Backsteingotik; Alte Burg mit »Hexenkeller«; Museum; Heinrich-Voß-Gedenkstätte.
Mallin: Herrenhaus mit Resten einer schönen Parkanlage.

Karten, Kanu-Literatur

Touristenkarte Mecklenburger Seenplatte, 1:120 000;
Touristenkarte Uckermark – Untere Oder, 1:150 000.

16 Linde

Cammin – Neubrandenburg
_25 km_
Tagesfahrt
Nebenfluß der Tollense

Den Neubrandenburgern ist das Lindetal gut bekannt, zumindest der Teil zwischen Tollensesee und Burg Stargard, wo sich die Linde durch ein liebliches Tal mit hohem Mischwald schlängelt, dabei über Stock und Stein sprudelt und in ihrem Lauf von drei Mühlen aufgehalten wird. Hier gibt es vielbegangene Wanderwege, die auch von Sportlern (Skifahrer, Läufer) gern benutzt werden.
Die Kanuten nutzen die Linde erst, seitdem es Kunststoffeiner gibt, denn Faltboote würden den oft und unerwartet unterm Boot spürbaren scharfen Steinen kaum widerstehen – mit ein paar Kratzern ist also schon zu rechnen, wenn man auf der Linde paddelt. Etwas Kraft und Gewandtheit muß man auch aufbringen, denn bei ihrem Irrweg durch den Wald wird die Linde hier und da auch mal durch einen Baum aufgehalten.

Die Neubrandenburger Wanderpaddler entdeckten, daß die Tour erst richtig schön wird, wenn man die Seenkette von Cammin und das Papenholz mit einbezieht. Nun laden sie in jedem Frühjahr zur »Linde-Abfahrt« ein, und mancher »Südländer« konnte sich schon darüber wundern, in Mecklenburg so einen reizvollen Wildfluß zu finden.
Die Linde kann nach ein paar Regentagen auch im Sommer genügend Wasser zum Paddeln führen, aber am schönsten ist es doch, wenn nach einer ordentlichen Schneeschmelze das Wasser rauscht, wenn noch kaum ein Blatt an den Bäumen sprießt, aber unter ihnen schon Buschwindröschen leuchten, soweit das Auge sehen kann.
Wir setzen unsere Boote am Badestrand neben dem Herrenhaus von Cammin in den Camminer

Am Teschendorfer See taut der letzte Schnee.

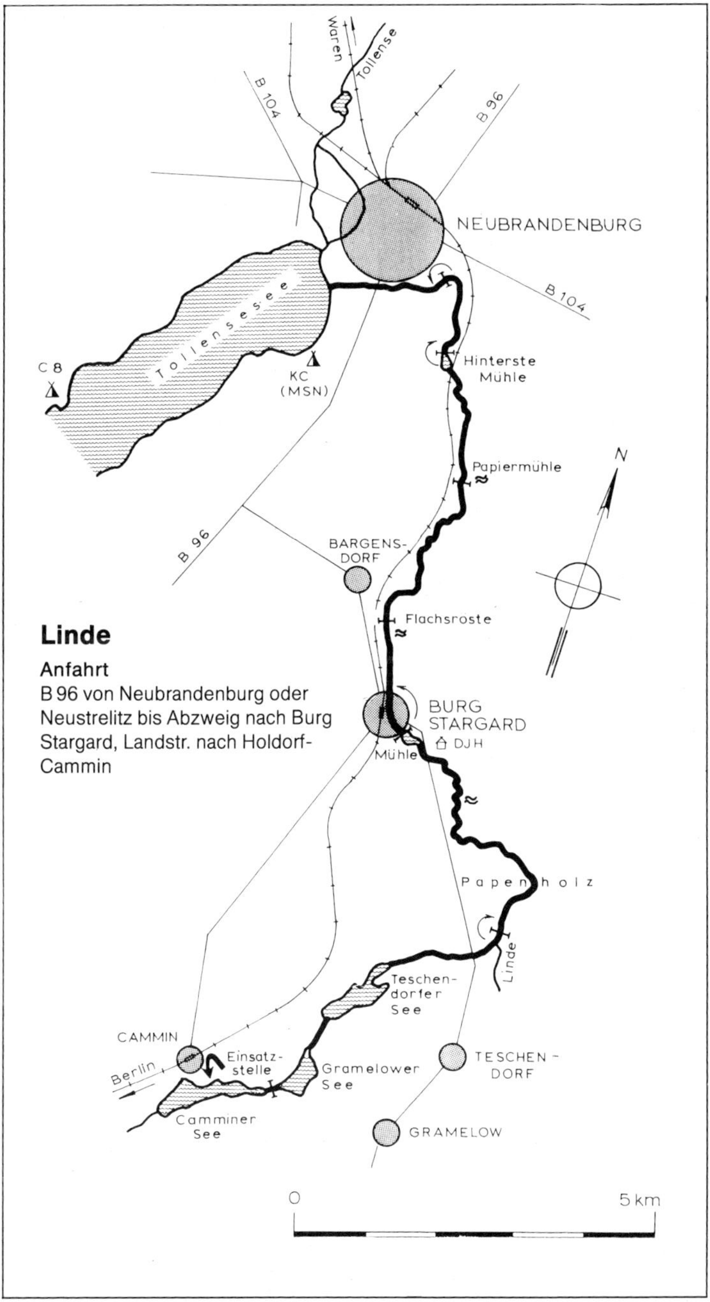

Linde

Anfahrt

B 96 von Neubrandenburg oder Neustrelitz bis Abzweig nach Burg Stargard, Landstr. nach Holdorf-Cammin

See, wenden uns gleich nach links, ziehen an einer Bungalowsiedlung vorüber und finden zielsicher neben einer Fischreuse im dichten Schilf ein kleines Fließ, das uns zur ersten Umtragestelle führt. Danach führt das Fließ noch 60 m durch dichtes Schilf, ehe wir den Gramelower See erreichen. Auch dort sehen wir rechts eine bunte Bungalowreihe. Viele Besitzer sind Neubrandenburger, die hier die schöne Natur genießen. Erstaunlich ist nur, daß sie kaum wissen, welchen Weg das Wasser aus ihrem See nach Neubrandenburg nimmt.
Wir finden den Ausgang ganz links, umfahren ein verfallenes Fischgitter, umtragen eine kleine Brücke und haben dann noch einmal einen 200 m langen, oft stark bewachsenen Kanal zu befahren, ehe wir im schönen, buchtenreichen Teschendorfer See sind. Hier begegnen wir vielen Wasservögeln, darunter auch den stolzen Graureihern, die sich beim Nahen unserer Boote erheben und majestätisch durch die Luft gleiten. Wir halten uns am linken Ufer und finden den Ausgang am Ende rechts. Er ist breit und meist tief genug, aber so morastig, daß man doch nur langsam paddeln kann. Schade, daß wir die Teschendorfer Straße nicht mehr unterqueren können. Nach einem Umbau hat man hier ein Rohr installiert, durch das nur das Wasser fließen kann. Wir müssen unsere Boote also über zwei Böschungen und die Straße tragen.
Nach 150 m strömt uns von rechts in einem Graben die Linde entgegen (bei hohem Wasserstand befahrbar ab Alt-Kaebelich, ca. 12 km). Vor uns liegt ein Wiesenwehr – zum Glück können wir gleich hinunterrutschen. Am sonnigen Waldesrand legen wir noch eine kleine Pause ein, denn der anschließende, nach einer scharfen Linkskurve beginnende Abschnitt erfordert unsere volle Aufmerksamkeit. Das Gefälle nimmt zu und damit auch die Grundberührung.
Im Schlängellauf bahnt sich die Linde ihren Weg durch das schöne Papenholz mit seinen Buchen und Eichen. Diesmal müssen wir nur einen in der Strömung liegenden Baum und eine Kleingartenbrücke kurz vor Burg Stargard überwinden, aber hier ist immer mit Überraschungen zu rechnen. Nach einem kleinen Schwall unter der Straßenbrücke rutschen wir noch einmal ganz in unser Boot, um zwei Brücken zu unterqueren. Über ein kleines Wehr gleiten wir auf den Mühlenteich und steigen nach der Badeanstalt rechts an Land. Gleich nebenan im Herrenhaus an der Dewitzer Chaussee finden wir die Jugendherberge (früher auf der Burg, Tel. 039603/ 2 02 07).
Manche Kanuten riskieren die Fahrt durch Burg Stargard und tragen ihre Boote die steile Böschung nach dem Mühlenwehr 10 m hinunter, gleiten ca. 1 km zwischen Häusern und Mauern unter engen Straßenbrücken und dornigen Büschen, über steinige Schwälle und auch Unrat. Wir haben uns daran gewöhnt, die Boote durch die Stadt zu tragen oder mit einem Bootswagen zu fahren. Ein gutes Mittagessen bekommen wir in der »Linde« am kleinen Marktplatz. Für einen Spaziergang zur Burg, dem ältesten Gemäuer Mecklenburgs, sollte man sich unbedingt eine Stunde Zeit nehmen. Eine steile Feldsteinstraße führt nach oben zu teils recht verfallenen Mauern. Noch einige Jahre wird die Restaurierung dauern. Den Turm kann man schon wieder

Bei Hochwasser kann man das Wiesenwehr auch hinunterrutschen.

Die Linde schlängelt sich durch das romantische Mühlenholz.

besteigen und wird mit einer herrlichen Aussicht über die Stadt und die Seitentäler belohnt. Den Besuch des weithin bekannten Eiscafés sollten wir nicht versäumen, ehe wir gleich danach in die Papiermühlenstraße einbiegen und nach dem ersten Haus links unsere Einsatzstelle erreichen.

Nun geht es wieder mit flotter Fahrt bis zur ehemaligen Flachsröste. Das kleine Wehr im Betriebsgelände kann man immer hinunterrutschen, und auch die Weiterfahrt bis zur Fußgängerbrücke des Wanderweges bietet noch so manchen Schwall und viele schnelle Kurven. Anschlie-

ßend kommen die Reste des Papiermühlenwehrs, die meist auch problemlos überwunden werden können. Nun folgen ab und zu wieder flache, steinige Abschnitte durch das romantische Mühlenholz. Oft begegnen uns hier die scheuen kleinen Eisvögel.
Nach der Eisenbahnbrücke rutschen wir über einen Schwall auf den Teich der Hintersten Mühle. Rechts vom Teich gibt es eine kleine Freiluftgaststätte und ein paar interessante Vogelvolieren; der Weg hierher bildet den beliebtesten Spaziergang der Neubrandenburger.
Wir tragen links am rauschenden Wasserfall um, gleiten flott an Kleingartenanlagen vorüber und sind bald am Wehr. Vor uns sehen wir die neue Katholische Kirche. Dort teilt sich die Linde – nach dem rechten Wehr führt ein kleiner Graben, der meist nicht befahrbar ist, zum Stadtwall und mündet vor der Vierrademühle im Oberbach.
Wir tragen am linken, neuen Wehr rechts um und fahren auf dem Gätenbach durch die Südstadt, unter zwei Straßenbrücken und am Fußballstadion vorüber, bis zur Mündung in den Tollensesee, am »Badehaus« vorbei neben der Schiffsanlegestelle. 1 km weiter links am See finden wir das Bootshaus der Neubrandenburger Wanderkanuten (Motor Süd N.), die uns auch behilflich sind, unsere in Cammin abgestellten Autos nachzuholen (Anschlußfahrten siehe Touren 14, 15 und 16).

Charakter, Tips

Die Linde beginnt ihren Lauf in einem Wäldchen bei Woldegk in fast 100 m ü.N.N. und trifft erst nach 20 km Irrweg durch waldreiches Hügelland auf den Melzenbach östlich der Landstraße Burg Stargard–Teschendorf. Bis dahin nimmt sie zwar viele kleine Flüßchen und Wassergräben auf, bleibt aber doch so schmal und hindernisreich, daß sie nur nach der Schneeschmelze evtl. ab Cölpin befahren werden kann. Der Melzenbach fließt aus einer Kette von drei Seen, die zusammen ca. 5 km lang sind und 60 m hoch liegen. Sie bilden für die Linde-Fahrt einen willkommenen Auftakt. Die erste, kurvenreiche Gefällestrecke bis Burg Stargard durch das Papenholz kann zeitweise Hindernisse aufweisen (7 km). Weitere 12 km führen durch das abwechslungsreiche Lindetal durch dichten Mischwald und über vier Mühlen bzw. Wehre bis zum Tollensesee (15 m ü.N.N.). Die Linde kann ganzjährig, aber nur bei gutem Wasserstand und nur im Kunststoffeiner ohne großes Gepäck befahren werden.
Die Anreise nach Cammin ist mit dem Zug oder Auto möglich. Der Bahnhof ist nur 400 m von der Einsatzstelle Badestrand entfernt. Fahrtende könnte der Zeltplatz C 8–Gatsch-Eck oder ein Wassersportbootshaus am Tollensesee sein. Will man nach der Linde-Fahrt sofort zum Bahnhof Neubrandenburg, paddelt man nach Erreichen des Tollensesees gleich wieder rechts in den Oberbach, steigt nach 600 m an der Vierrademühle aus und hat dann noch 500 m zum Bahnhof zu gehen. Für die ca. 1 km lange Umtragestelle in Burg Stargard ist ein Bootswagen empfehlenswert.

Sehenswertes

Burg Stargard: Tierpark auf dem Klüschenberg; Stadtkirche (18. Jh.); Burg (13. Jh.), frühdeutsche Höhenburg von 1236 auf einem Hügel, bestehend aus Hauptburg, Vorburg und hohem runden Bergfried (Aussichtsturm), 1945 teilweise zerstört, Jugendherberge.
Neubrandenburg: Siehe Tour 14.

Karten, Kanu-Literatur

Touristenkarte Uckermark – Untere Oder, 1:150 000.

17 Zarow

Friedland – Grambin
42 km
2-Tage-Fahrt
Ostseezufluß

Sucht man auf der Landkarte einen Fluß, der auf kürzestem Wege von Neubrandenburg zur Ostsee führt, erkennt man zunächst die Datze in Richtung Friedland. Der Schein trügt jedoch, denn die Datze sammelt das Wasser aus vielen Gräben in einer 20 km langen Niederung und verläuft nach beiden Seiten – westlich zur Tollense und nordöstlich zum Landgraben, einem eiszeitlichen Schmelzwassertal.

Erst nach dem Mühlenteich von Friedland, den die Datze links umfließt, können wir unsere Boote einsetzen. Dort ist sie oft noch flach und schnell, aber nach 3 km sind wir auf dem Landgraben mit seinem breiten, tiefen und regulierten Bett. Nach Unterfahrung der B 192 (nach Anklam) zweigt links der Peene-Südkanal ab. Er führt zur Peene (26 km bis Dersewitz) und dient der Bewässerung der »Großen Friedländer Wiese«, in die wir (nach einem Wehr) geradeaus einfahren. In diesem ehemaligen Niederungsmoor von 156 km^2, das 1958 bis 1962 mit großem Aufwand melioriert wurde, um als Weideland und zur Futtergewinnung für die große Rindermastanlage in Ferdinandshof zu dienen, gibt es kaum ein Haus, keinen Wald und keine nennenswerte Bodenerhebung und auch nur selten einen Paddler. Doch ist gerade deshalb hier die Tier- und Pflanzenwelt sehr vielfältig. Der Putzarer See, ein Zungenbeckensee mit breitem Schilfgürtel (NSG), den wir rechts umfahren, bildet die Brutstätte vieler Höckerschwäne, Moorenten, Blaukehlchen und Lachmöwen.

Auch um den folgenden Lübkowsee führt der Kanal rechts herum, ohne den Ort Charlottenhorst zu berühren. Kurz vor der Brücke der Eisenbahnlinie Pasewalk – Anklam münden von rechts Weißer Graben und Floßgraben. Sie kommen vom Galenbecker See (NSG), einem international bekannten Brut- und Rastgebiet vieler Vogelarten,

In der Ueckermünder Heide ist die Zarow schon ein breiter Fluß.

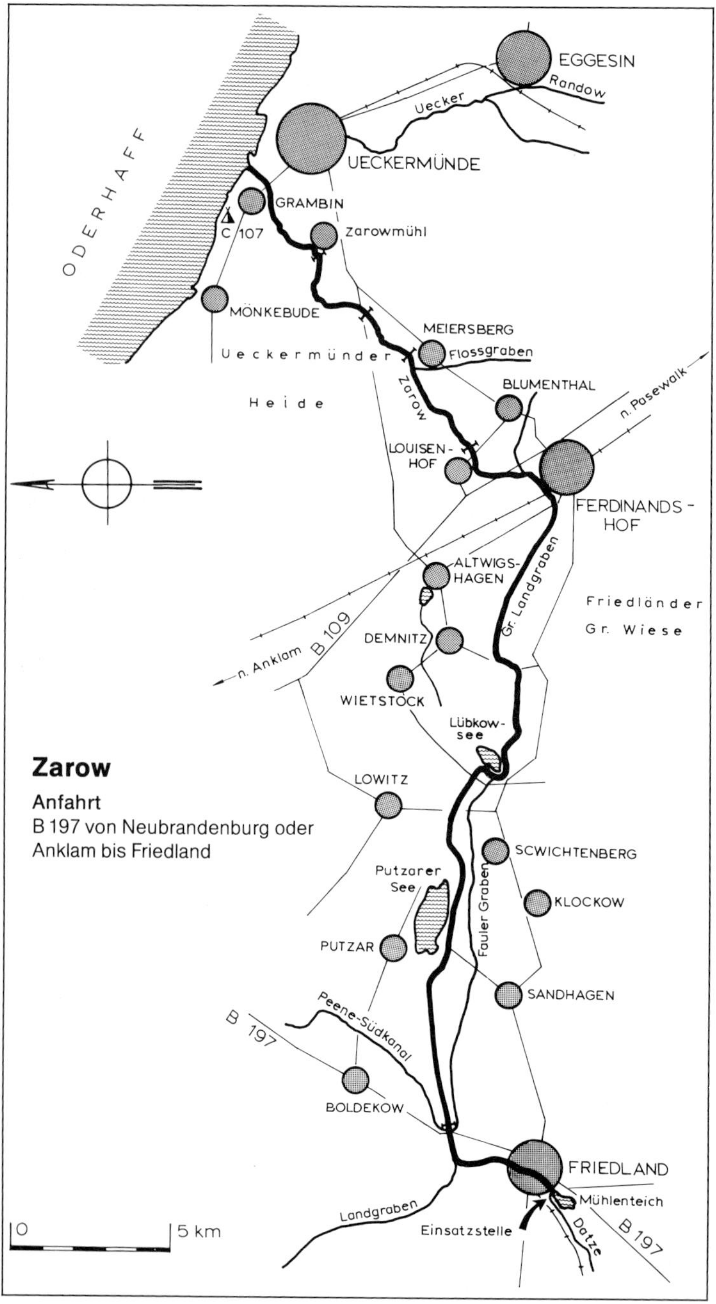

Zarow

Anfahrt
B 197 von Neubrandenburg oder
Anklam bis Friedland

vor allem Graugänse, Enten und Schwäne. Nun sind wir auf der Zarow, einem richtigen Fluß mit etwas Strömung. Kurz vor der B 109 sehen wir rechts die hohen, glänzenden Futtersilos von Ferdinandshof. 3 km weiter bei Louisenhof umtragen wir ein Wehr und erreichen bald den hohen Kiefernwald der Ückermünder Heide. Am linken Ufer finden wir einen guten Platz für unser Zelt und genießen die himmlische Ruhe.
Noch im Morgennebel paddeln wir weiter durch das schöne Waldgebiet. Der Flußlauf wird nur durch drei Wehre unterbrochen, wovon wir jedoch zwei gut durchfahren können. Das letzte steht bei Zarowmühl, wo bis 1895 eine Schneid- und Mahlmühle betrieben wurde. Hier hat die Zarow schon Meereshöhe erreicht, sie wird immer breiter und mündet 3 km später bei Grambin ins Haff. Wir wenden uns nach links und fahren noch 2 km am Ufer entlang zum Zeltplatz von Grambin/Mönkebude mit seinem schönen sandigen Strand. Hier beenden wir die Tour.

Sehr vorsichtig nähern wir uns diesem Schwanenidyll.

Charakter, Tips
Die Zarow wird bei Ferdinandshof nach Zusammenfluß mehrerer Landgräben gebildet, ist dort bereits 17 m breit und mit allen Bootstypen befahrbar. Sie fließt in meist reguliertem Bett mit schwacher Strömung ohne Hindernisse (vier Wehre, zwei davon fahrbar) durch die Ückermünder Heide (Kiefernwald) und mündet nach 16 km bei Grambin ins Kleine Haff (Oderhaff). Weiterfahrt nach Ückermünde (Ücker, Tour 18), Anklam (Peene, Tour 10) oder zur Insel Usedom möglich. In der Vergangenheit war die Zarow oft durch landwirtschaftliche Abwässer belastet. Die Tour kann bereits in Friedland beginnen und auf verschiedenen Landgräben quer durch die »Friedländer Große Wiese« führen (ca. 26 km bis Ferdinandshof). Verbindung zur Peene vom Landgraben über den Südkanal, ca. 26 km.
Einziger offizieller Zeltplatz ist der C 101 bei Grambin/Mönkebude am Haff. Unterkünfte sind in Friedland, Ferdinandshof und Grambin zu bekommen. Zeltmöglichkeit in der Ückermünder Heide. Anreise nach Friedland und Ferdinandshof per Bahn oder Bus möglich.

Sehenswertes
Friedland: Reste der Stadtmauer mit Wiekhäusern; Anklamer und Neubrandenburger Torturm; Marienkirche (14./15. Jh.), Backsteingotik.
Ferdinandshof: Hochsilos der Rindermastanlage (13 000 Rinder).

Karten, Kanu-Literatur
Generalkarte Ost, 1:20 000, Blatt 3;
Wasserwanderatlas Mecklenburger Gewässer, 1:10 000, Blatt 63;
Touristenkarte Uckermark-Untere Oder, 1:150 000;
Touristenkarte Usedom-Wolin, 1:15 000.
Reisehandbuch Mecklenburger Seen, Seite 139, 230.

18

Ücker

Warnitz – Ueckermünde
_82 km_
3–4-Tage-Fahrt
Ostseezufluß

In einem Wasserwanderbuch von 1953 lasen wir: »Die Ücker ist vom Oberuckersee bis zum Kleinen Haff befahrbar, bietet jedoch keine besonderen Reize.« Also lohnt sich's nicht? Das wollten wir nicht glauben und nutzten ein Wochenende im August, um es zu prüfen. Um es vorwegzunehmen: Auch im Frühjahr oder Herbst hätte uns diese Tour gefallen, doch im Sommer kann man danach noch weiter entlang der Haffküste zur Ostsee paddeln.

Als Einsatzstelle wählen wir den Naturcampingplatz in Warnitz, den wir von der Autobahn Berlin–Stettin BAB 11, Abfahrt Warnitz, erreichen, und bauen erst mal am Ostufer des Oberuckersees unser Zelt auf. Gegenüber liegt die Burgwallinsel. Wir nutzen eine Spazierfahrt, um dort die Reste einer slawischen Befestigung zu suchen und eine Ausgrabungsstelle zu finden. Weiter südlich fahren wir durch die große Lanke etwa 3 km bis Schifferhof. Ein weiterer Abstecher führt uns über einen kleinen Kanal am Westufer des Oberuckersees zum einsamen Großen Potzlow-See. In Quast, 2 km nördlich von unserem Zeltplatz, kehren wir später in der »Seegaststätte« ein.

Für die Fahrt zum Unteruckersee sollten wir uns Zeit lassen. Wir begegnen Scharen von Stockenten und Bleßhühnern. Beiderseits im Schilf nisten auch Schwanenfamilien und Graureiher. Wenn wir den See erreichen, können wir in 7 km Entfernung schon die beiden Türme der Prenzlauer Marienkirche sehen. Hier gilt es aber auch, auf den Wind zu achten, der in dieser flachen Landschaft hohe Wellen verursachen kann.

Am Ostufer machen wir Pause an einem schönen Badestrand und sind zum Mittagessen im »Kap«, einer beliebten Prenzlauer Aus-

Die Fahrt beginnt auf dem Oberuckersee.

Ücker

Anfahrt
BAB 11 (Berlin–Stettin),
Abzweig Warnitz,
Landstr. Melzow–Warnitz

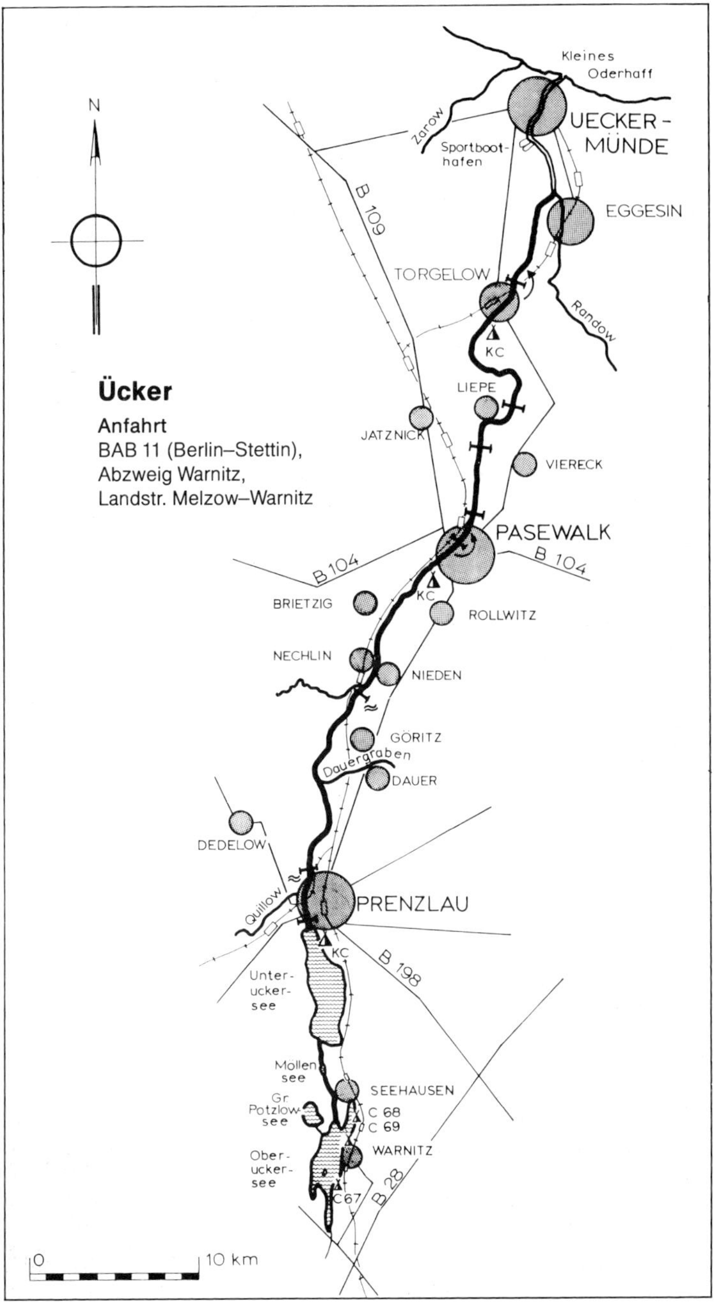

flugsgaststätte. 2 km weiter, bei den Prenzlauer Kanuten, finden wir auch einen Platz für unser Zelt und haben noch Zeit für einen Bummel durch die Innenstadt. Das im Krieg zerstörte Zentrum rund um die dominierende Marienkirche wurde im modernen Stil neu aufgebaut

Die Ausfahrt zur Ücker finden wir am nächsten Morgen gleich rechts von der Brauerei hinter einer Schutzmauer, die von rechts umpaddelt werden kann. Vor der Weiterfahrt sollten wir uns die folgenden Hindernisse – ein querliegendes Rohr und ein flaches Wehr – ansehen, ehe wir entscheiden: paddeln, treideln oder ca. 150 m umtragen. Da sehen wir auch an der rechten Mauer den Pegel – wenn er unter 60 cm anzeigt, wird es durch die Stadt hindurch noch einige Grundberührungen geben. Erst wenn nach 2 km von links die Quillow mündet, liegen alle Hindernisse hinter uns, und wir kommen zügig voran.

Das große Wehr bei Nieden umtragen wir bequem rechts und nutzen den Ausstieg zu einem Spaziergang zur kleinen Dorfkirche. Nach der Straßenbrücke wird die Strömung etwas stärker, von beiden Seiten nimmt die Ücker kleine Zuflüsse auf, und mancher Schwall würzt die Fahrt. Bald sehen wir in der Ferne große Getreidesilos und beobachten am Himmel mehrere Segelflugzeuge der Flugschule Pasewalk. Noch ein Hindernis kurz vor dem Bootshaus der Wanderpaddler (rechts), mit dem man nicht rechnen konnte: Auf 100 m ganz dicke Entengrütze mit allerlei Unrat auf dem Wasser kosten noch einmal Kraft und Zeit. Da das Bootshaus einen verwaisten Eindruck macht, paddeln wir gleich weiter zum Wehr von Pasewalk, steigen rechts aus und nutzen die Mittagspause zu einem Rundgang durch den sehenswerten Stadtkern. In seiner fast 800jährigen Geschichte gehörte Pasewalk zu Pommern, Schweden, war preußische Garnisonsstadt, gehörte der Hanse an und ist nun Kreisstadt im Land Mecklenburg-Vorpommern.

Bald nehmen wir wieder Fahrt auf, genießen kleine Schwallstrecken und spürbare Strömung. Kurz vor Beginn der Ueckermünder Heide haben wir ein Wehr links zu umtragen, später, nach der Ortschaft Liepe, folgt noch ein weiteres. Die nächsten 14 km führen durch ein schönes Waldgebiet, und bei Kuhlmorgen, wo der Wald bis an den Fluß heranreicht, gehen wir noch einmal zu einer Pause rechts an Land.

Die Tagesetappe beenden wir in Torgelow und finden freundliche Aufnahme am Bootshaus der »Paddlergilde«, 100 m rechts vor der Straßenbrücke. Bei einem Stadtrundgang sehen wir uns schon mal das gefährliche Doppelwehr an, das am nächsten Tag rechts umtragen werden muß (ca. 150 m).

Danach wird die Ücker noch einmal schnell, aber nach der »Holländerei« (links) bald breiter, tiefer und ruhiger. Nach 8 km erreichen wir die Mündung der Randow. Sie entspringt dem 35 km südöstlich liegenden Randowbruch (südlich Löcknitz). Vielleicht werden wir später auch einmal ihrem Lauf mit dem Boot folgen können. Vorerst ist der Wald zwischen Jägerbrück und Eggesin vom Militär gesperrt. Wir könnten nun nach rechts ca. 1 km bis Eggesin (Bootshäuser, Bahnhof) paddeln, aber wir wollen weiter. Auf der jetzt bis zu 60 m breiten, fast stehenden Ücker erreichen wir nach 6 km die Kreisstadt Ueckermünde. Links vor der

In einer Havelschleuse – gemeinsam geht es aufwärts (Tour 20).

Auf dem Plätlinsee beginnt die 10-Seen-Rundfahrt (Tour 22).

Noch sind die Ufer der Maurine im Oberlauf recht kahl (Tour 1).

Zum »Anpaddeln« im Frühjahr gehört eine Fahrt auf dem Tollensesee (Tour 14).

Durch einen dichten Schilfgürtel finden wir zum Rochowsee (Tour 24).

Vor Redefin ist die Sude etwas angestaut (Tour 35).

Abends paddeln wir über den Stadtsee nach Templin (Tour 28). ▷

Die Kormoraninsel auf dem Woterfitzsee (Tour 29).

Auf dem Schmalen Luzin wird es Herbst (Tour 26).

Weißdorn und wilde Birnbäume stehen am Ufer der Barthe in voller Blütenpracht (Tour 9). ▷

Start in den Frühling auf der Stepenitz (Tour 1).

Abendstimmung am Drewensee (Tour 22).

An der Schleuse Strasen blüht eine riesige Kastanie (Tour 22). ▷

Vor der Silhouette Malchows (Tour 30).

Rotbuchenhang am »Hullerbusch« (Tour 26).

Morgenstimmung am Krümmeler See (Tour 30).

Auf der Müritz (Tour 33).

Abend am Labussee (Tour 22).

Mit Windunterstützung auf dem Kammerkanal (Tour 22).

Der Einfahrtsdalben weist uns den Weg zum Priepertsee (Tour 22). ▷

In hügeliger Landschaft – das Tollensebecken bei Neubrandenburg (Tour 14).

Auf der Havel begegnen wir oft Wassersportlern (Tour 20).

◁ *Zum Loppiner See führt ein romantischer Kanal (Tour 31).*

Blühende Seerosen auf dem Giesenschlagsee (Tour 24).

Straßenbrücke finden wir eine kleine Treppe in der sonst beiderseits durchlaufenden Kaimauer. Hier beginnt auch der Hafen, der allerdings nur kleinere Schiffe aufnehmen kann. Wir paddeln noch 2 km und drehen eine kleine Runde auf dem Oderhaff.
3 km weiter am Ufer entlang westlich könnten wir die Mündung der Zarow (Tour 17) und nach weiteren 2 km dann den Zeltplatz C 101–Grambin erreichen. Wir beenden unsere Fahrt jedoch in Ueckermünde und können vom Bahnhof Rosenmühl aus die ganze Strecke bis Warnitz entlang der Ücker wieder zurückfahren.

Charakter, Tips

Die Ücker beginnt im Kreis Prenzlau – dem »Herz der Uckermark« –, dem nördlichsten Kreis des Landes Brandenburg, nahe der polnischen Grenze. Nach den beiden Uckerseen (5 und 7 km lang) folgt ab Prenzlau ein ganzjährig befahrbarer, ca. 10 bis 20 m breiter Wanderfluß, der durch die Ückerrinne in der nordöstlichen Grundmoränenlandschaft Vorpommerns zur Ostsee fließt. Auf den fast 70 km bis zur Mündung ins Kleine Haff bei Ueckermünde kann man mit allen Bootstypen paddeln. Der Fluß ist keineswegs geradlinig und auch selten reguliert, bildet aber auch nur wenige Mäander. Das Gefälle auf dieser Strecke beträgt 18 m. Die Strömung ist je nach Flußbreite zwischen kaum spürbar und auch recht flott, mit kleinen Schwallstrecken wechselnd. Schon kurz nach Torgelow erreicht die Ücker Meeresspiegelhöhe. Sieben Wehre sind zu umtragen. Ab Eggesin (Randow-Mündung) ist der Fluß schiffbar, wird aber von der Berufsschiffahrt kaum genutzt. Die Landschaft der Uckermark gilt als wellig und seenreich mit ausgedehnten Ackerfluren und weiten Kiefernwäldern. Nach den beiden Uckerseen im Süden mit flachen Uferzonen ist der Abschnitt zwischen Pasewalk und Torgelow, dort wo sich der Fluß durch die Ueckermünder Heide windet, besonders reizvoll. Die Ücker ist als Wanderfluß nicht so bekannt wie andere Wasserwege Mecklenburgs und touristisch weit weniger erschlossen, sollte aber gerade bei Paddlern, die ein ruhiges, einigermaßen sauberes Flüßchen mögen, nicht im Fahrtenbuch fehlen.

Blick von der Luzin-Halle über den Schmalen Luzin bei Feldberg (Tour 26).

Übernachtungsmöglichkeiten und Gaststätten trifft man auf der ganzen Strecke an. Außer an offiziellen Zeltplätzen bei Warnitz am Oberuckersee (C 67, 68, 69) kann an den Kanubootshäusern in Prenzlau, Pasewalk, Torgelow und Ueckermünde gezeltet werden. Der nächste Zeltplatz am Oderhaff liegt 5 km westlich der Ückermündung bei Grambin (C 101). Gute Bus- und Bahnverbindung entlang der gesamten Strecke.

Sehenswertes

Oberuckersee: Burgwallinsel, Reste einer slawischen Burganlage (Ausgrabungsstätte).
Prenzlau: Marienkirche (13./14. Jh.), restauriert, mit zwei weithin sichtbaren Türmen; Stadtmauer mit Mitteltorturm, Steintorturm und Blindower Turm; Neubauten im Stadtkern.
Dauer, Göritz, Malchow, Nieden, Schmarsow, Rollwitz, Papendorf, Stegelitz, Fergitz, Seehausen, Potzlow, Zollchow, Röpersdorf, Blindow: Dorfkirchen (13.–18. Jh.).
Pasewalk: Stadtmauer mit Toren (12. Jh.); Marienkirche (14. Jh.); Neubauten im Stadtkern.
Ueckermünde: Marienkirche (1766); herzogliches Schloß (16. Jh.), Heimatmuseum.

Karten, Kanu-Literatur

Wasserwanderatlas Mecklenburger Gewässer und Boddengewässer, 1:100 000, Blatt 60–63; Touristenkarte Uckermark-Untere Oder, 1:150 000; Touristenkarte Usedom-Haffküste 1:150 000.
DKV-Gewässerführer für Ostdeutschland, Abschnitt 10.

19

Strom

Küstrinsee – Prenzlau
53 km
2-Tage-Fahrt
Nebenfluß der Ücker

Diese Tour gehört nicht zu den einfachen und könnte für Anfänger abschreckend wirken. Jene aber, die absolute Ruhe, Natur und etwas Wildnis lieben sowie diverse Hindernisse und je nach Wasserstand auch einen »Treidelmarsch« nicht fürchten, sind hier richtig.

Wir unternehmen die Fahrt in Kunststoffeinern mit wenig Gepäck. Allerdings richten wir uns mit Proviant und Bekleidung darauf ein, auch länger als vorgesehen unterwegs zu sein. Wir lassen einen Pkw an der Schreibermühle stehen, einen zweiten in Boitzenburg, und setzen die Boote in den Mühlenbach ein.

Nach kurzer Fahrt erreichen wir den Großen Küstrinsee und wenden uns nach links. Die nächsten 5 km genießen wir besonders, denn der Wald, der diesen langgestreckten See völlig umgibt, war bis 1989 »Staatsjagdgebiet« und deshalb für die Durchfahrt verboten, wie man aus dem Wasserwanderatlas (5. Auflage) noch erkennen kann. Uns umgibt eine jahrelang weitgehend ungestörte Natur.

Am Ende des Sees finden wir links einen kleinen Zufluß, der gerade noch so breit ist, daß wir paddeln können. Ein wenig Gegenströmung, Schilf, Gebüsch und zwei Brücken erwarten uns bis zum Großen Baberowsee, auf dem wir uns rechts halten, um den weiterführenden Graben zu finden. Die folgenden 3,5 km bis zum Haussee sind nicht so einfach zu überwinden. Der Hausseebruch bietet viele kleine Baum-, Strauch- und Schilfhindernisse und einige flache Stellen, die nur durch Treideln zu überwinden sind (Leine und Gummistiefel nicht vergessen!).

Auf fünf kleinen Seen erholen wir uns zwischendurch. Halbzeit auf dieser Strecke ist ein Tunnel unter der ehemaligen Eisenbahnstrecke Woldegk–Templin.

Mit dem Haussee haben wir auch die Wasserscheide erreicht (67,6 m ü.N.N.); nun können wir wieder 4 km richtig paddeln. Den kleinen Graben zum Schumellensee finden wir leicht. Dort mündet links ein Fließ, das in Funkenhagen beginnt. Eine unterirdische Verbindung (»Isernpurt«) führt aus dem Carwitzer See (Feldberger Seen, Tour 26) dort zum Mellen-

Sommer im Hausseebruch.

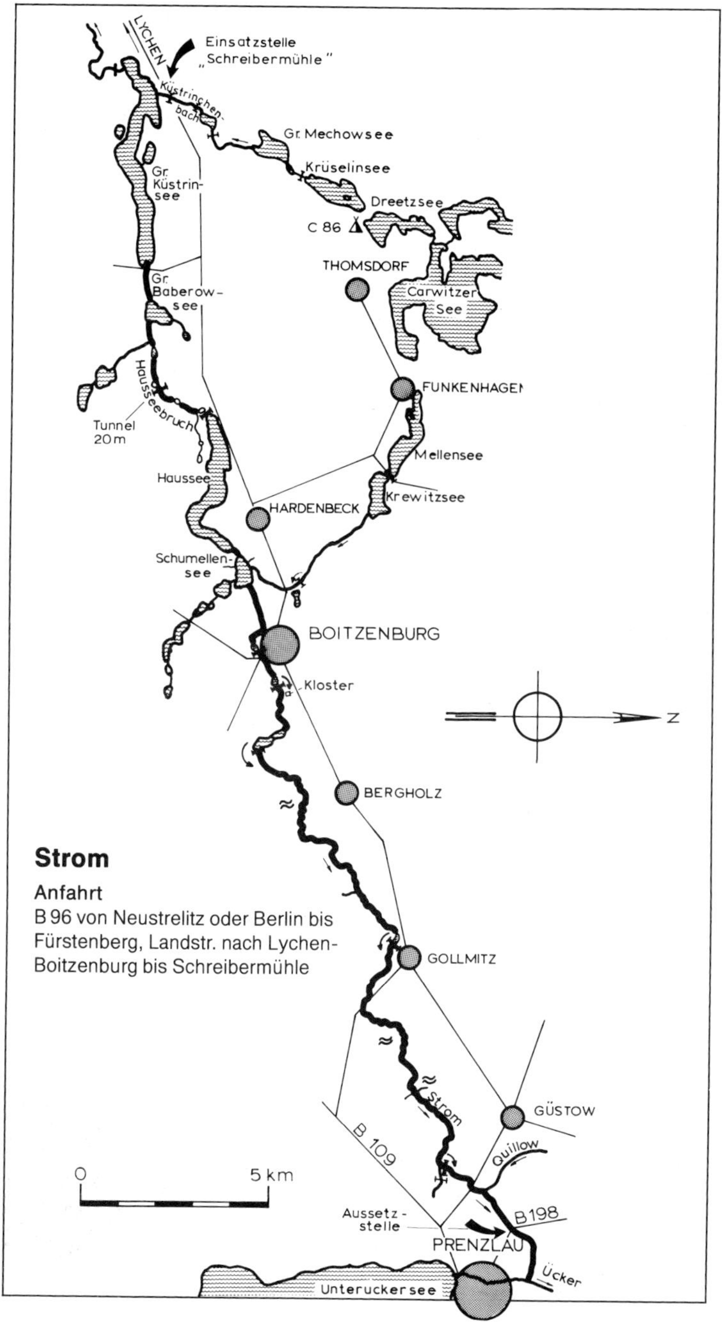

Strom

Anfahrt

B 96 von Neustrelitz oder Berlin bis Fürstenberg, Landstr. nach Lychen-Boitzenburg bis Schreibermühle

see. Auch diese Strecke über den Krewitzsee hat so ihre Tücken und Schwierigkeiten (drei Wehre und 4 km Bruchwaldgebiet).
Vom Schumellensee erreichen wir über einen Graben geradeaus bald den Küchenteich von Boitzenburg und müssen nun rechts um die imposante ehemalige Schloßanlage herumfahren. Dort umtragen wir ein Wehr an der Straßenbrücke und durchfahren anschließend eine Forellenzuchtanlage. Bald sind wir am Klosterteich und gehen am Wehr der Mühle rechts an Land (18 km von der Schreibermühle).
Neben der alten Klosterruine finden wir hier das Mühlenmuseum und in einem schönen Fachwerkhaus das Klostercafé. Dort lassen wir uns bewirten. Die Umgebung Boitzenburgs selbst ist eine Reise wert. Wanderwege durch 300 bis 500 Jahre alten Eichen- und Buchenbestand führen zu vielen Sehenswürdigkeiten wie Schloßpark, Carolinenhain, Tiergarten. Also holen wir unser Auto nach, nutzen eines der angebotenen Privatquartiere (Zelten ist hier nicht möglich) und starten erst am nächsten Morgen auf dem Marienfließ durch den herrlichen Tiergarten.
Bis zur Rummelpforter Mühle (4 km) zieht sich eine eiszeitliche Schmelzwasserrinne (NSG) mit zwei Rinnenseen und hohen Steilhängen (bis 30 m) mit dichtem hohen Laubwald. Früher als Wildgatter genutzt, ist es auch heute noch das Domizil von Jagdgesellschaften. Nach dem Umsetzen an der nächsten Forellenzuchtanstalt fließt der Strom wieder lebhaft und ungebändigt durch ein Erosionstal, in dem wir immer mit Hindernissen

Wie im Märchen – das Renaissanceschloß von Boitzenburg.

(Bäume, Steine, Flachstellen) rechnen müssen. Bis Gollmitz haben wir auf ca. 9 km mehr als 12 m Gefälle. Nach einer Rast an der Gollmitzer Mühle tragen wir rechts um (50 m).
Die nächsten 9 km mit 10 m Gefälle bis zum Wehr von Mühlhof, vorbei am Waldgebiet der »Kleinen Heide«, sind ebenfalls noch einmal wildromantisch, aber anstrengend. Hier endet für uns der Strom, denn sein Wasser wird nach dem Wehr nach links über den Dükergraben zur Quillow geleitet, die in die Ücker fließt. Wir beenden unsere Fahrt an einem kleinen Platz rechts nach der Unterquerung der B 198 (Fortsetzung Tour 18, Ücker).

Charakter, Tips
Der Strom ist eine natürliche Verbindung zwischen den Feldberger Seen (Tour 26), den Lychener Gewässern (Tour 27) und der Ücker (Tour 18). Da die ersteren zur Havel in Richtung Elbe–Nordsee entwässern und die Ükker zur Ostsee fließt, muß auf dieser Strecke eine Wasserscheide überwunden werden. Es ist also ratsam, die Tour nur mit leichtem Kunststoffeiner und bei gutem Wasserstand zu unternehmen. Wer die Mühen beim Überwinden der neun Wehre und der Schilf-, Strauchwerk- und Baumhindernisse nicht scheut, wird mit herrlichen Erlebnissen in unberührter Natur und abwechslungsreicher Landschaft belohnt. Diese früher schon sehr beliebte Tour kann erst seit 1990 wieder gefahren werden, da die Umgebung des Großen Küstrinsees jahrzehntelang weiträumig für Jagden »hoher Tiere« gesperrt war. Auch wenn man den Hausseebruch und die Wasserscheide am Schumellensee überwunden und Boitzenburg erreicht hat, ist eine Zeitplanung für den schnellfließenderen, aber hindernisreichen Teil über Gollmitz bis Prenzlau kaum möglich.
Beginn der Tour kann sein: an der Scheibermühle (Landstraße Lychen–Boitzenburg), am Zufluß zum Großen Küstrinsee; in Feldberg (Tour 26, Richtung Dreetzsee); am Zeltplatz C 86-Thomsdorf, Einsatz in den Krüselin; in Funkenhagen (zwischen Boitzenburg und Feldberg), Einsatz in den Mellensee, weiter über Krewitzsee bis zum Schumellensee – nur bei gutem Wasserstand möglich, viele Hindernisse.
Das alte Flußbett des Stroms durch Prenzlau ist nicht befahrbar. So empfiehlt sich als Fahrtende die Kreuzung der Quillow mit der B 198 oder die Fortsetzung der Tour auf der Ücker bis Pasewalk (Tour 18). Nach der Quillow-Mündung die Ücker nach Prenzlau stromauf zu paddeln, ist kaum möglich. Offizielle Zeltplätze entlang dieser Strecke sind nicht eingerichtet. Am Großen Küstrinsee, bei Hardenbeck, Boitzenburg und Gollmitz lassen sich Zeltmöglichkeiten oder Unterkünfte finden. Bahnverbindung gibt es nur über Lychen–Templin–Prenzlau. Auf der fast parallel verlaufenden Landstraße Lychen–Boitzenburg–Gollmitz–Prenzlau verkehrt regelmäßig ein Bus; die Straße entfernt sich jedoch bis 2 km vom Fluß.

Sehenswertes
Boitzenburg: Renaissanceschloß (16.–19. Jh.), auf einer alten Burganlage, Erholungsheim; Park, 1840 von Lenné im englischen Stil gestaltet; Ruine des Zisterzienser-Nonnenklosters Marienpforte; Produktionsmuseum Klostermühle (13. Jh.).
Gollmitz: Dorfkirche (13. Jh.), Feldsteinbau.
Prenzlau: Siehe Tour 18.

Karten, Kanu-Literatur
Generalkarte Ost, 1:200 000, Blatt 3; Touristenkarte Uckermark – Untere Oder, 1:150 000. Wasserwanderatlas Mecklenburger Gewässer, 1:100 000, Blatt 13, 14, 64.
DKV-Gewässerführer für Ostdeutschland, Abschnitt 10.1.

20

Havel

Kratzeburg – Zehdenick
100 km
5-Tage-Fahrt
Nebenfluß der Elbe

340 km fließt die Havel von der Quelle bis zur Elbe durch Mecklenburg und Brandenburg. 228 km sind sogar schiffbar, nur die ersten 5 km sind nicht befahrbar. Viele Wasserwanderer bevorzugen die 100 km von Kratzeburg bis Zehdenick für eine Tour, weil es dort noch die meisten landschaftlichen Abwechslungen, Seen und befahrbare Nebenflüsse und -kanäle, aber auch Wälder, Hügelketten und liebenswerte Ortschaften gibt. Besonders im Sommer ist man hier auf den Wassertourismus eingestellt. Natürlich muß man als Paddler von Wesenberg an, vor allem aber ab Fürstenberg auch mit vielen Motorbooten und Yachten rechnen.

Die Landschaft bis Fürstenberg wird genauer in den Touren 21, 22, 25 und 27 beschrieben. Die danach folgenden 38 km bis Zehdenick verlaufen im oft stark gewundenen, ca. 25 m breiten, tiefen Bett mit teils geringer Strömung durch die herrliche Schorfheide. (Biosphärenreservat) Leider war dieses Gebiet bis 1992 eher als Staatsjagddomäne und Übungsraum sowjetischer Truppen bekannt (meist Kiefernwald auf Sandboden). An der Schleuse Bredereiche erfragen wir die Öffnungszeiten der folgenden Schleusen Regow (nach 6 km), Zaaren (nach 12 km) und Schorfheide (nach 15 km), damit wir ohne Probleme durchkommen. Das

Jeder findet in der Schleuse einen Platz.

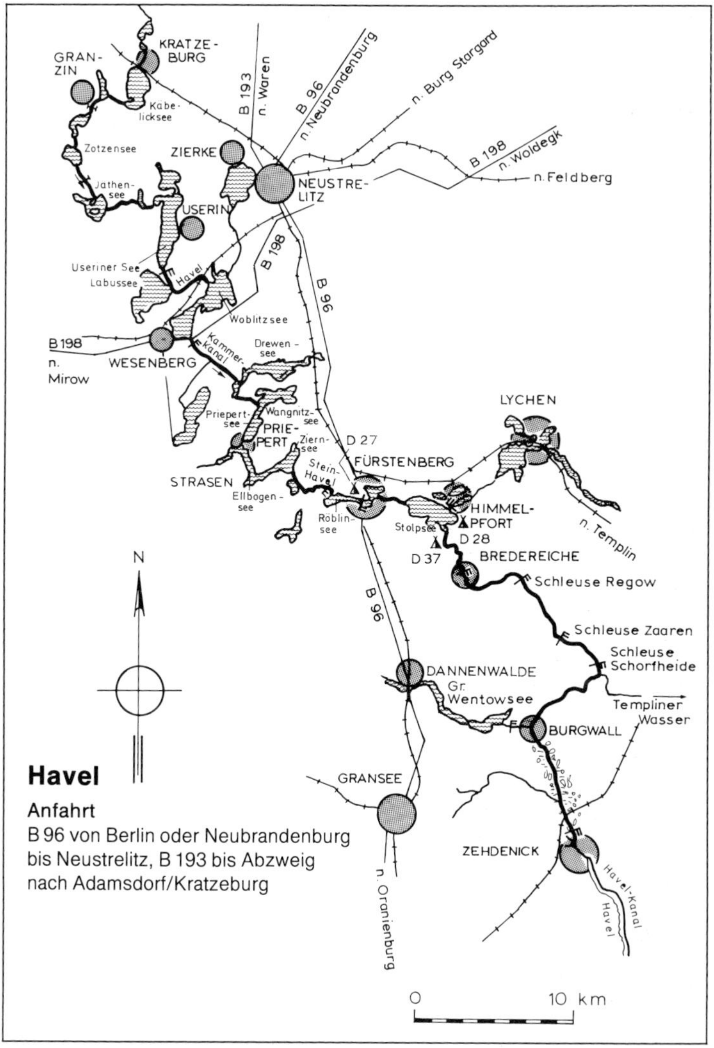

Havel

Anfahrt

B 96 von Berlin oder Neubrandenburg bis Neustrelitz, B 193 bis Abzweig nach Adamsdorf/Kratzeburg

Anlegen in diesem ehemaligen Militärgebiet ist zwar wieder erlaubt, Spaziergänge jedoch noch nicht ratsam.

Die Gaststätte »Burgwall« gegenüber der Schleuse zum Wentow-Kanal ist zu einem beliebten Treffpunkt der Wasserwanderer auf dem Weg zwischen Oranienburg und Fürstenberg geworden und weist gute Anlege-, Einkaufs- und sogar Übernachtungsmöglichkeiten auf.

Auch auf den letzten 10 km bis Zehdenick bietet uns die Natur wie auf der ganzen Tour immer wieder

schöne Blickpunkte. Beiderseits im hohen Schilf und zwischen verschiedenen Seerosen finden viele Wasservögel, vor allem Enten und Schwäne, Unterschlupf.
In Zehdenick legen wir entweder rechts im Seglerhafen an (näher am Bahnhof) oder im Hafenbecken links vor der großen Schleuse (Schleusenbrücke nicht mit Autos befahrbar). Dort finden wir auch einen Parkplatz zum Abbauen.

Als Etappeneinteilung für die Havel-Tour empfehlen wir:

Kratzeburg bis Woblitzsee (Kanulager)	28 km
Kanulager bis Fürstenberg, Röblinsee	27 km
Fürstenberg bis Schleuse Regow	19 km
Regow bis Burgwall	16 km
Burgwall bis Zehdenick	10 km

Als breiter Kanal verbindet die Havel viele Seen.

Charakter, Tips

Dieser Tourenvorschlag umfaßt etwa 100 km der Havel von Kratzeburg bis Zehdenick und ist eine ganzjährig mit allen Bootstypen befahrbare, sehr abwechslungsreiche Wanderstrecke ohne besondere Schwierigkeiten (zwei Wehre umtragen). Sauberes Wasser durchfließt hier 20 kleine und größere Seen, verbunden durch breite Kanäle. Sieben Schleusen werden regelmäßig bedient oder sind durch Bootsschleppen einfach zu überwinden. Entlang der ganzen Strecke gibt es viele Wälder, gute Zeltplätze, Gaststätten, Unterkünfte und Sehenswürdigkeiten sowie günstige Bus- und Bahnanknüpfungen. Die Beschreibung der Tour verbindet die Touren 21, Obere Havel – 22, 10-Seen-Rundfahrt – 25, Thymensee-Rundfahrt – 27, Lychener Gewässer – 28, Templiner Seen. Dazu kommen viele weitere Seen und Nebenflüsse und damit zahlreiche Variationsmöglichkeiten. Weiterfahrt über Oranienburg, Brandenburg bis zur Mündung in die Elbe bei Havelberg möglich (235 km). Anschluß an Oder und Spree durch Schiffahrtskanäle.

Zeltmöglichkeiten in Kratzeburg-Wesenberg (siehe Tour 21), Wesenberg-Ellbogensee (siehe Tour 22), D27-Fürstenberg am Röblinsee, D28-Himmelpfort am Stolpsee, D37-Zootzen am Stolpsee.

Sehenswertes

Kratzeburg bis Fürstenberg: Siehe Touren 21, 22, 25.
Zehdenick: Zisterzienser-Nonnenkloster (1250); Schloß (18. Jh.); Zugbrükke über die Havel (technisches Denkmal).

Karten, Kanu-Literatur

Generalkarte Ost, 1:200 000, Blatt 2 und 3; Wasserwanderatlas Mecklenburger Gewässer, 1:100 000, Blatt 8 und 9; Wasserwanderatlas Märkische Gewässer, 1:100 000, Blatt 28 und 29; Touristenkarte Mecklenburger Seenplatte, 1:120 000; Touristenkarte Berlin-Nord, 1:100 000.
DKV-Gewässerführer für Ostdeutschland, Abschnitt 3.18. Reisehandbuch Mecklenburger Seen, Seite 151.

21

Kratzeburg – Neustrelitz
_38 km_
1–2-Tage-Fahrt

Obere Havel — *Neustrelitzer Kleinseengebiet*

Zur Neustrelitzer Kleinseenplatte gehören etwa 150 Seen mit 13 000 ha Wasserfläche. Fast alle haben Verbindung zur Oberen Havel oder werden direkt von ihr durchflossen. Von den vielen Möglichkeiten, hier Tages-, Wochenend- oder Urlaubsfahrten zu gestalten, ist im folgenden eine oft erprobte Variante dargestellt. Ob nun als »Maihavel« (im DKV-Programm ab 1991) oder wie früher viele Jahre als »Spätsommerhavel« durch die Neustrelitzer Wanderpaddler organisierte Gemeinschaftsfahrten oder auch allein im Zweier, gehört die Tour zu den abwechslungsreichen, die man immer wieder gerne macht. Hier sind weder vom Wasser noch von der Umgebung besondere Attraktionen zu erwarten; allein die vielgestaltige Tier- und Pflanzenwelt läßt uns immer wieder Neues entdecken.

Die Badestelle in Kratzeburg, dem Ausgangspunkt unserer Tour, ist nicht weit vom Bahnhof entfernt. Mit dem Pkw erreichen wir sie, wenn wir von der B 193 kommend am Ortseingang links in einen Feldweg einbiegen und nach der Bahnunterführung rechts zum Strand fahren. Die Fahrt über den Käbelicksee stimmt uns auf die Tour ein. Links auf einer Waldwiese liegt der schöne Zeltplatz C 36. Der kleine Zufluß danach vom Großen Bodensee ist nicht befahrbar.

Wir paddeln um die Halbinsel Österberg westwärts in die Havel, die hier schon 5 m breit ist und sich zum Granziner See hinschlängelt. Links kommen wir durch eine Schilfenge zum kleinen Schulzensee und zur alten Granziner Mühle. Die folgenden 500 m fließt die Havel durch einen schmalen Graben, der wegen seiner seltenen Tier- und Pflanzenarten unter Naturschutz gestellt wurde und deshalb auf einem neu angelegten Weg oder mit den bereitgestellten Bootswagen bis zum Pagelsee ca. 400 m umtragen werden muß.

Von der Anhöhe neben dem rechten Brückenende hat man einen schönen Ausblick über Pagel- und Zotzensee. Auf dem völlig von Schilf umgebenen Zotzensee sind wir wieder ganz allein. Er liegt bereits in einem der Kernbereiche (Schutzzone 1) des »Müritz-National-Parks« (auch Jäthen- und Useriner See). Wir dürfen sie entlang der Bojen durchpaddeln (ohne Motor!), vermeiden dabei aber jede Störung der Uferzonen – ein Paradies für Schwäne, Graugänse, Graureiher, Enten, Rohrdommeln, Bleßrallen und andere Wasservögel. Alljährlich brüten hier mehrere Höckerschwanpaare. Wir sehen Haubentaucher, die sich gegenseitig mit prächtigem Kopfschmuck imponieren wollen, bei Annäherung aber schnell abtauchen.

Die Einfahrt zur Havel ist gut zu finden, und nach der Holzbrücke des Dörfchens Babke (kleine Kirche ohne Turm mit zwei Glocken

Die Vylym-Hütte von Userin – eine Lehrstätte des Naturparks.

im spitzen Giebel) tragen wir an der Schleuse (Bootsschleppe, links) um und sind kurz danach auf dem Jäthensee. Der kleine Kanal zum Bullowsee ist nicht befahrbar. Zum kleinen Jamelsee (Zeltplatz C 13) führt eine sehr schmale Durchfahrt (200 m rechts nach der Havel-Mündung). An der Brücke zwischen Kakeldütt (rechts) und Blankenförde (links) steigen wir aus und spazieren unter prächtigen Kastanien (Naturdenkmale) zum »Dorfkrug« und zur Fachwerkkirche.

Einer der schönsten Abschnitte

Paddler dürfen die Kernzone des Naturparks durchfahren.

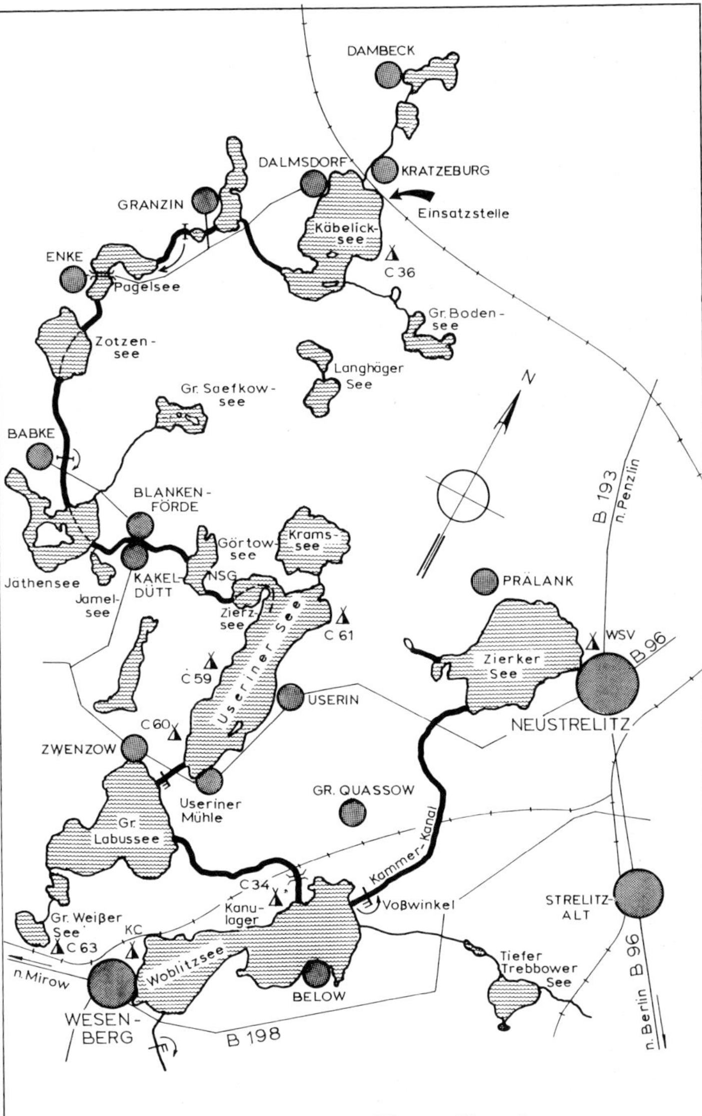

Obere Havel

Anfahrt

B 96 von Berlin oder Neubrandenburg bis Neustrelitz, B 193 bis Abzweig nach Adamsdorf/Kratzeburg

der Havel folgt nun mit dem von hohen Kiefern- und Buchenwald umgebenen Görtowsee (NSG, Zelten verboten) mit einem großen Seerosenfeld am Südufer, der romantischen Durchfahrt Moßbeck (linkes Ufer nicht betreten, NSG) und dem kleinen Zierzsee. Der einsame Kramssee im Norden des Useriner Sees ist aus Naturschutzgründen vollkommen gesperrt. Er ist von einem Erlen- und Eschenwald auf Flachmoortorf umgeben, in dem auch Fischottern wieder heimisch wurden. Am Useriner See laden drei Zeltplätze ein, und in Userin (nach 23 km) finden wir einen guten Anlegeplatz, eine Gaststätte und Einkaufsmöglichkeiten. Die vom Naturschutzfachmann Bernd Schmidt errichtete Vylym-Hütte sollten wir unbedingt besuchen. Er kann uns viele gut präparierte Vögel und Kleinsäugetiere des Müritzgebietes zeigen und ihr Leben in der Natur erklären. Die Insel im Südostteil des Useriner Sees darf nicht mehr betreten werden (früher Zeltplatz). Hier sind mehrere mächtige Seeadler heimisch.

Wir fahren weiter geradeaus in den Kanal zum Labussee, vorbei an Pfahlresten, an denen früher das Floßholz festgemacht wurde. Heute wird auch dieser Wasserweg kaum noch von der Berufsschifffahrt genutzt. Wenn wir Glück haben, öffnen sich die Tore der Schleuse von Zwenzow, sonst benützen wir die Bootsschleppe links. Die Abkürzung über den Useriner Mühlenkanal ist nicht mehr befahrbar. Die Zeltplätze am Labussee sind für Wasserwanderer wenig geeignet; auch der C 36 am Großen Weißen See (südlich vom Kleinen Labussee) ist nur mit 600 m Landtransport zu erreichen. Wir steuern die Kanaleinfahrt im Osten an und paddeln durch eine Wiesenniederung. Hier leben Fischottern, Kreuzottern und Ringelnattern. Büschel des giftigen Wasserschierlings stehen am Ufer. Bis zur Mündung in die Woblitz ziehen wir noch einmal kräftig durch, legen nach 30 km am Strand rechts an und steigen auf die Havelberge. Hier entstand in den 60er Jahren mit Spenden und Arbeitseinsätzen vieler Kanuten das »Kanulager der DDR«. Heute hat es durch viele Bungalowbauten und Großzelte sowie den geräumigen Zeltplatz C 34 einen anderen Charakter angenommen, als es die Initiatoren ursprünglich wollten. Drei Bungalows können vermietet werden durch den LKV in Neubrandenburg, Tel. 0395/ 44 32 31. Von der Gaststättenterrasse haben wir einen schönen Blick über den Woblitzsee. An seinem Südufer liegt das Städtchen Wesenberg (mit Bootshaus des Kanuvereins), dessen Besuch sich lohnt.

Der Floßgraben rechts von Voßwinkel ist nur bis zur Straße befahrbar. Die Trebbower Seen bzw. der 11 km entfernte Fürstensee (Wasserwanderatlas Blatt 10) ist nicht mehr erreichbar. Wir schließen unsere Tour ab mit einer Fahrt durch den 5 km langen Kammer-Kanal (Schleuse Voßwinkel mit Bootsschleppe rechts) zum Zierker See. Er wurde auf Beschluß der herzoglichen Kammer 1833 als Schiffahrtsweg vom Neustrelitzer Industriegelände zur Havel gebaut.

Der Zierker See ist sehr flach und infolge jahrelanger Verunreinigung sehr schlammig (Baden verboten). Im Südteil finden wir ausgedehnte Verlandungsgebiete mit schwimmenden Inseln – ideale Brutplätze für Wasser- und Sumpfvögel. Auf den westlich gelegenen Kalkseen (Witpohl) kann man bis zum Hotel-

Restaurant »Cafe Prälank« paddeln.
Am alten Bootshaus der Wassersportler (Kanuten, Ruderer, Segler, Motorbootfahrer) rechts vor dem Hafen steigen wir (nach 38 km) aus und haben viel Platz, uns zur Abreise zu rüsten. Wegen der günstigen Verkehrslage starten hier am Bootshaus auch zahlreiche Wasserwanderer ihre Urlaubstour durch die Mecklenburger Seenplatte. Gleich gegenüber im Schloßpark beginnen wir unseren Rundgang durch die ehemalige Residenzstadt Neustrelitz mit vielen interessanten Bauten, aber auch kleinen, alten Gassen.
Im Norden des Zierker Sees bietet der Wassersportverein Neustrelitz einen beachtlichen Service und auch gute Zeltmöglichkeiten.

Charakter, Tips
Vom Quellgebiet bei Pieverstorf nördlich Kratzeburg bis zum Käbelicksee ist die Havel nicht befahrbar. Die anschließende Kette einsamer, sauberer Seen (für Motorboote bis Useriner See gesperrt) durchfließt die Havel in gut ausgebauten Kanälen und ist in der eisfreien Zeit des Jahres immer mit allen Bootstypen ohne Schwierigkeiten zu paddeln. Nur bis zum Granziner See ist eine schwache Strömung spürbar. Bis auf eine Umtragestelle (vor dem Pagelsee) sind die folgenden Schleusen auch mit Bootsschleppen ausgestattet. Der einfache Charakter, viele Zelt- und Badeplätze, die Fahrt durch interessante Abschnitte des »Müritz-National-Parks« und der überwiegende Mischwaldbestand mit reicher Tier- und Pflanzenwelt machen diese Tour gerade als Einstieg in die Landschaft der Mecklenburger Seenplatte attraktiv. Für eine Wochenendtour empfiehlt sich ein Zeltplatz am Useriner See (20 km, teilweise FKK, Wald und Ruhe) oder am »Kanulager« bei Groß Quassow (Gaststätte, Einkaufsmöglichkeiten, viel Betrieb). Von hier aus kann die Fahrt auch entlang der Havel (Touren 20, 22, 23, 25) fortgesetzt werden.
Zeltmöglichkeiten: C 36 – Kratzeburg am Käbelicksee; C 59, C 60 – Useriner See (Westufer, FKK); C 61 – Useriner See (Nordost); C 113 – Blankenförde am Jamelsee; C 56 – Zwenzow am Labussee; C 34 – Kanulager Groß Quassow am Woblitzsee, Wesenberg – Bootshaus der Kanuten am Woblitzsee, Neustrelitz – Kanubootshäuser am Zierker See. Zeltmöglichkeit, Bootstransport, Unterkunft und Betreuung (Duschen, Sauna, Sporthalle) bietet der Wassersportverein Einheit Neustrelitz, Zierker Nebenstraße 31, 17235 Neustrelitz, Tel. 03981/20 05 80. Zwischen Neustrelitz und Kratzeburg (13 km Straße) gibt es regelmäßigen Bus- und Bahnverkehr.

Sehenswertes
Neustrelitz: (Gegründet 1733, ehem. Residenz der Herzöge von Mecklenburg-Strelitz) Schloßpark, 1790 im englischen und klassizistischen Stil gestaltet; Schloßkirche (1859) von Baumeister Buttel; Tiergarten vor dem Schloß, 1721 als Park angelegt; Prinzenpalais, Marienpalais und Orangerie (Gaststätte); Stadttheater.
Kratzeburg: Dorfkirche (18. Jh.), Fachwerkbau.
Wesenberg: Reste einer Burg auf einem Hügel; Marktplatz; Stadtkirche (um 1300), Feldsteinbau.
Userin: Vylym-Hütte, naturkundliche Bildungsstätte des »Müritz-National-Parks«.

Karten, Kanu-Literatur
Generalkarte Ost, 1:200 000, Blatt 3; Touristenkarte Mecklenburger Seenplatte, 1:120 000; Wasserwanderatlas Mecklenburger Gewässer, 1:100 000, Blatt 8.
Tourist-Wanderheft Neustrelitzer Seengebiet; DKV-Gewässerführer für Ostdeutschland, Abschnitt 3.18,I; Reisehandbuch Mecklenburger Seen, Seite 151.

22

10-Seen-Rundfahrt

Wustrow (Rundfahrt)
35 km
1–2-Tage-Fahrt

Müritz-Havel-Wasserstraße

Als die Neubrandenburger Kanuten vor Jahren erstmals zu einer organisierten Gemeinschaftsfahrt auf dieser bei vielen Wasserwanderern schon lange bekannten idealen Wochenendtour für jedermann einluden, galt es, eine kurze, charakteristische Bezeichnung dafür zu finden. So wurde die »10-Seen-Tour« geboren und hat seitdem im Kanukalender Ende Mai ihren festen Platz. Plätlin-, Drewen-, Wangnitz-, Priepert-, Ellbogen-, Kleiner Pälitz-, Canower, Labus-, Gobenow- und Klenzsee, so heißen die zehn, und sie werden verbunden durch die romantische Schwaanhavel, den Kammer-Kanal und zwei Schleusen.
Die Tour beginnt in Wustrow. Am Ortsende, kurz vor der Straße nach Canow, können wir unsere Fahrzeuge gut abstellen. Der Zugang zur Einsatzstelle am Plätlinsee ist nur über eine eingezäunte Wiese zu erreichen. Den Eigentümern zuliebe sollten wir nach dem Durchgang die Tore wieder schließen, damit das liebe Federvieh nicht entlaufen kann.
Gleich nach der Bucht paddeln wir an einer schwimmenden Fischzuchtanlage (Forellen in Netzkäfigen) vorbei. Um die Folgen der dadurch entstandenen Wasserverschmutzung zu mindern, wurde dahinter die erste Tiefenwasser-Belüftungsanlage Deutschlands errichtet – eine Technik, die auch in Zukunft vielen eutrophierten Seen zu neuem Leben verhelfen könnte. Hier im Südteil ist der

Die Schwaanhavel schlängelt sich durch dichten Erlensumpf.

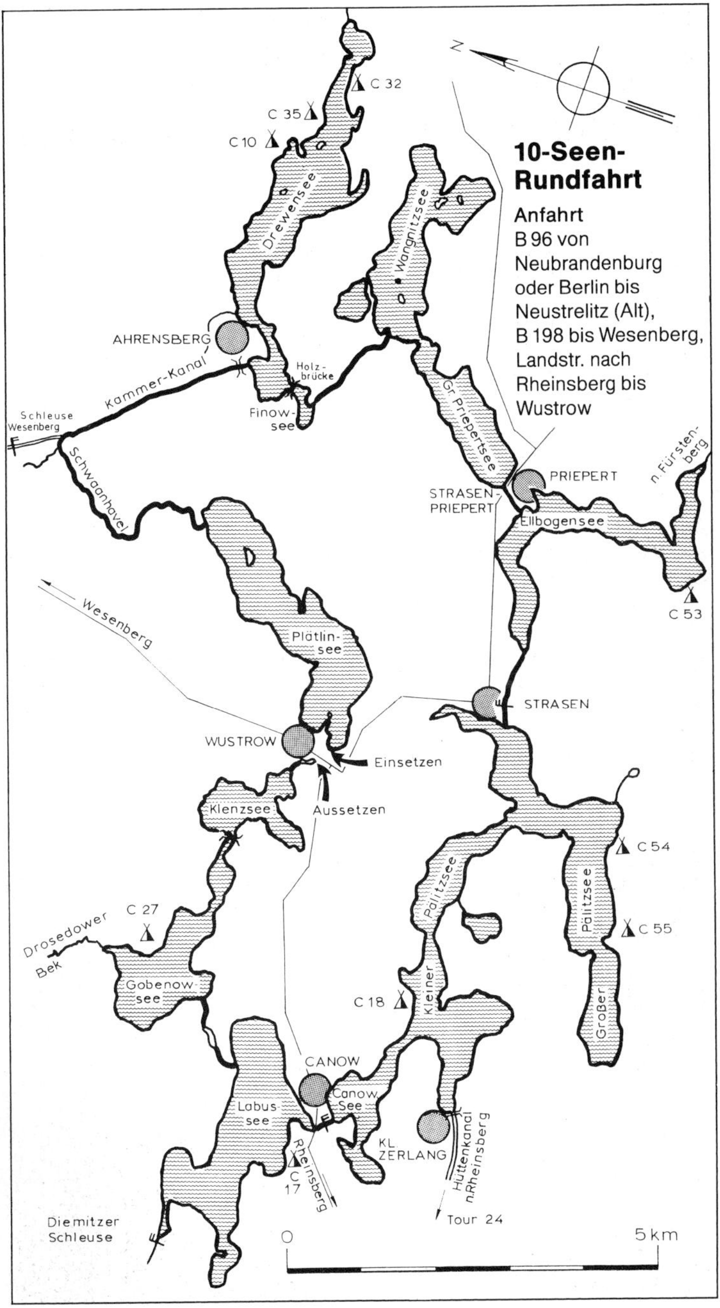
10-Seen-Rundfahrt
Anfahrt
B 96 von Neubrandenburg oder Berlin bis Neustrelitz (Alt), B 198 bis Wesenberg, Landstr. nach Rheinsberg bis Wustrow
N
C 32
C 35
C 10
Drewensee
Wangnitzsee
AHRENSBERG
Holz-brücke
Kammer-Kanal
Finow-see
Schleuse Wesenberg
Schwaanhavel
Gr. Priepertsee
PRIEPERT
STRASEN-PRIEPERT
Ellbogensee
n. Fürsten-berg
C 53
Wesenberg
Plätlin-see
STRASEN
WUSTROW
Einsetzen
Aussetzen
Klenzsee
C 54
Pälitzsee
Pälitzsee
C 55
C 27
Drosedower Bek
Gobenow-see
C 18
Kleiner
Großer
CANOW
Canow-See
Labus-see
C 17
Rheinsberg
KL. ZERLANG
Hüttenkanal n. Rheinsberg
Tour 24
Diemitzer Schleuse
0
5 km

Natürlich leben auch Schwäne auf der Schwaanhavel.

Plätlinsee etwa 40 m tief. Die Insel Hünenwerder (Flächennaturdenkmal) lassen wir rechts liegen, um die dort lebenden seltenen Fischadler nicht zu stören. Der See ist frei von Motorbooten, Bungalows und Campingplätzen und daher himmlisch ruhig. Hoch über uns kreist einer der mächtigen Seeadler – seine Flügelspannweite soll mehr als 2 m betragen.
Kurz vor dem Ende des Sees, links im Schilf hinter einer Fischreuse, finden wir die Einfahrt zur Schwaanhavel. Anfangs ein kleiner Graben, in dem wir kaum paddeln können, fließt sie mit schwacher Strömung bald breit und tief durch sumpfigen Erlenwald. Hier sollten wir unser Boot ab und zu gleiten lassen, um den Geräuschen der Natur zu lauschen und die sich im klaren Wasser spiegelnden Pflanzen und Bäume in Ruhe zu betrachten. Auch diesmal begegnet uns wieder eine Schwanenfamilie mit vier Jungen, und wir stören uns gegenseitig nicht.
Um den 73 m hohen Kronsberg herum (»Kron« = plattdeutsch Kranich) paddeln wir zum Kammer-Kanal und sind damit nach 7 km wieder auf der Havel. Ein Blick nach links – die Tore der Wesenberger Schleuse, etwa 1 km entfernt. Wir paddeln nach rechts zur Straßenbrücke von Ahrensberg.
Von dem kleinen folgenden See aus nach links machen wir einen Abstecher zum Drewensee. Am ersten Zeltplatz in einer Bucht links (C 10) des langgestreckten

Einfahrt vom Wangnitz- zum Priepertsee.

(5 km) und buchtenreichen, fast völlig von Mischwald umgebenen Sees lassen wir uns für eine Nacht nieder. Hier dürfen wir am Ufer sogar ein Lagerfeuer anzünden, Bruchholz gibt es im nahen Wald genügend.

Am nächsten Morgen paddeln wir weiter entlang der Havel und unter der in diesem Gebiet einmaligen hölzernen Ahrensberger Hausbrücke (beliebtes Fotomotiv) vor dem kleinen Finowsee hindurch, dann sind wir wieder auf dem Havel-Kanal. Den Wangnitzsee lassen wir links liegen und folgen dem Einfahrtsdalben nach rechts zum Priepertsee (Tour 25).

Nach Priepert stoßen wir auf den Ellbogensee (im »Gelenk«), folgen der Müritz-Havel-Wasserstraße nach rechts und sind nach 3 km

Auf zur nächsten Etappe – Zeltplatz Drewensee.

schon an der Schleuse Strasen. In der Terrassengaststätte »Zum Löwen« werden wir gut bedient. Mit der Schleusung (jede volle Stunde) lassen wir uns fast 2 m anheben und schwimmen nun auf dem Pälitzsee.
Wenn wir die folgenden 7 km über den Kleinen Pälitz- und den Canower See in 1 Stunde schaffen, kommen wir zur Schleusung in Canow vielleicht gerade zurecht. 2 km vorher zeigt ein Wasserwegweiser links auf die Einfahrt zum Hütten-Kanal (Rheinsberger Seen, Tour 24).

Den Labussee streifen wir nur und gleiten dann in den breiten und einsamen Dollbek, wo wir ganz von unberührter Natur umgeben sind. Gobenowsee und Klenzsee sind die beiden letzten der schönen Seenkette unserer Tour. Ganz zum Schluß folgt noch ein kleiner Kanal im Erlensumpf, ein von Seerosen fast zugewachsener, 100 m langer See.
Danach landen wir an dem Anlegesteg. Nur 100 m weiter sind die Landstraße, unsere Autos – und damit das Ende einer wunderschönen Fahrt.

Charakter, Tips

Eine Kette von zehn Seen inmitten des Neustrelitzer Kleinseengebietes, motorbootfrei, aber auch vielbefahren, entlang der Havel und der Müritz-Havel-Wasserstraße, verbunden durch breite Kanäle, umgeben von dichten Buchen- und Kiefernwäldern. Acht Campingplätze, viele Unterkünfte und Gaststätten stehen zur Auswahl. Die kleinen Ortschaften entlang der Strekke haben sich ganz auf Wassertouristen und Urlauber eingestellt. Ein- und Aussatzstellen der Tour in Wustrow liegen nur 200 m voneinander entfernt – also ideal für eine Wochenendtour mit Pkw-Anreise oder für Gemeinschaftsfahrten. Die 35-km-Strecke ist ganzjährig mit allen Bootstypen in beiden Richtungen befahrbar. Nur bei sehr geringem Wasserstand muß man auf dem ersten Kilometer der Schwaanhavel nach dem Plätlinsee stellenweise treideln. Zwei Schleusen (Strasen, Canow) ohne Bootsschleppe werden in der Saison zu jeder vollen Stunde betrieben. Man kann diese Rundfahrt mit den benachbarten Touren 21, Obere Havel, und 23, Rätzsee-Rundfahrt, sowie 24, Rheinsberger Seen, ganz oder teilweise verbinden.
Auskünfte und Service für Wasserwanderer bieten die Wassersportvereine »Einheit«, Zierker Nebenstraße 31, 17235 Neustrelitz, Tel. 03981/20 05 80 und PSV Union Wesenberg, Burg 1, 17255 Wesenberg, sowie die Kreisverwaltung 17235 Neustrelitz, Sachgebiet Fremdenverkehr, Woldegker Chaussee 35, Tel. 03981/25 52 33. Buchung von Campingplätzen über »Haveltourist Wesenberg«, Lindenstraße 1, 17255 Wesenberg, Tel. 039832/2 02 52 oder bei den Campingplätzen direkt. Empfehlenswert sind: Drewensee C 10, 32, 35; Ellbogensee C 53; Großer Pälitzsee C 54, 55; Kleiner Pälitzsee C 18; Labussee C 17; Gobenowsee C 27. Anreise über Wesenberg (B 198) und die Landstraße nach Rheinsberg bis Wustrow. Busverbindung in Wustrow, Pribert, Strasen und Canow.

Sehenswertes

Strasen: Dorfkirche (18. Jh.), Fachwerkbau.
Wustrow: Alte Eiche an der Straße nach Canow.
Canow: Alte Linde am Gasthof (schöner Ausblick); Wassermühle (14. Jh.).
Ahrensberg: Hölzerne Hausbrücke am Finowsee (19. Jh.).

Karten, Kanu-Literatur

Generalkarte Ost, 1:200 000, Blatt 2 und 3; Touristenkarte Mecklenburger Seenplatte, 1:120 000; Wasserwanderatlas Mecklenburger Gewässer, 1:100 000, Blatt 9 und 11.
DKV-Gewässerführer für Ostdeutschland, Abschnitt 3.18.23.

23 Rätzsee-Rundfahrt

Zirtow (Rundfahrt)
30 km
1–2-Tage-Fahrt
Müritz-Havel-Wasserstraße

Hat man in dieser Gegend einen guten Zeltplatz gefunden, bietet eine einfache Tour wie die Rätzsee-Rundfahrt ein schönes Tagesprogramm. So wie die 10-Seen-Rundfahrt (Tour 22) könnten wir diese Tour mit ähnlichem Charakter vielleicht auch »Tour über die 7 Seen« nennen. Für uns war der Rätzsee bezeichnend. Seine zentrale Lage und Ruhe (motorbootfrei), die Sauberkeit und der schöne Wald ringsum haben uns am meisten beeindruckt.

Wir biegen in Zirtow von der B 198 nach Süden ab, erreichen auf einem Landweg nach 2 km den Campingplatz C 64 und finden einen schönen Platz am Ufer des Rätzsees. Morgens starten wir die Tour quer über den See in die Bucht zum Drosedower Bach. Er hat keine Strömung, schlängelt sich breit und tief durch urwüchsigen Erlen- und Kiefernwald und bietet etwa 3 km lang erholsame Natur. Nach der Fahrt über den Gobenowsee erleben wir die Fortsetzung davon im Dollbek. Er ist noch breiter, und auch hier können wir viele Enten, Bleßrallen, Taucher, Schwanenfamilien und Eisvögel beobachten, die sich offenbar so wohl fühlen wie wir.

Auf dem Labussee geht es schon lebhafter zu. Wir fahren mit Motorkajütbooten, die von der Schleuse Canow kommen, zur Schleuse Diemitz – große Segler ziehen uns entgegen. Haben sich genügend Boote versammelt, öffnet der Schleusenmeister die Tore auch einmal zusätzlich zur stündlichen Schleusenzeit.

Würden wir nun gleich zur Fleether Mühle nach rechts einbiegen, kämen wir schon nach 18 km zum Zeltplatz zurück. Wir paddeln jedoch auf dem Vilzsee geradeaus weiter. Dort, wo er sich zum Mirower Adlersee verjüngt, legen wir links an einem großen Steg an. Sehr verlockend zu einer Rast ist die dazugehörige Liegewiese. Mit etwas Glück bekommen wir im Ferienheim »Schwarzer Hof« auch eine gute Mahlzeit.

Weiter geht es durch den Zethner

Am Rätzsee gibt es einsame Buchten.

Rätzsee-Rundfahrt

Anfahrt

B 96 von Neubrandenburg oder Berlin bis Neustrelitz, B 198 bis Wesenberg, Zirtow, Feldweg zum C 64

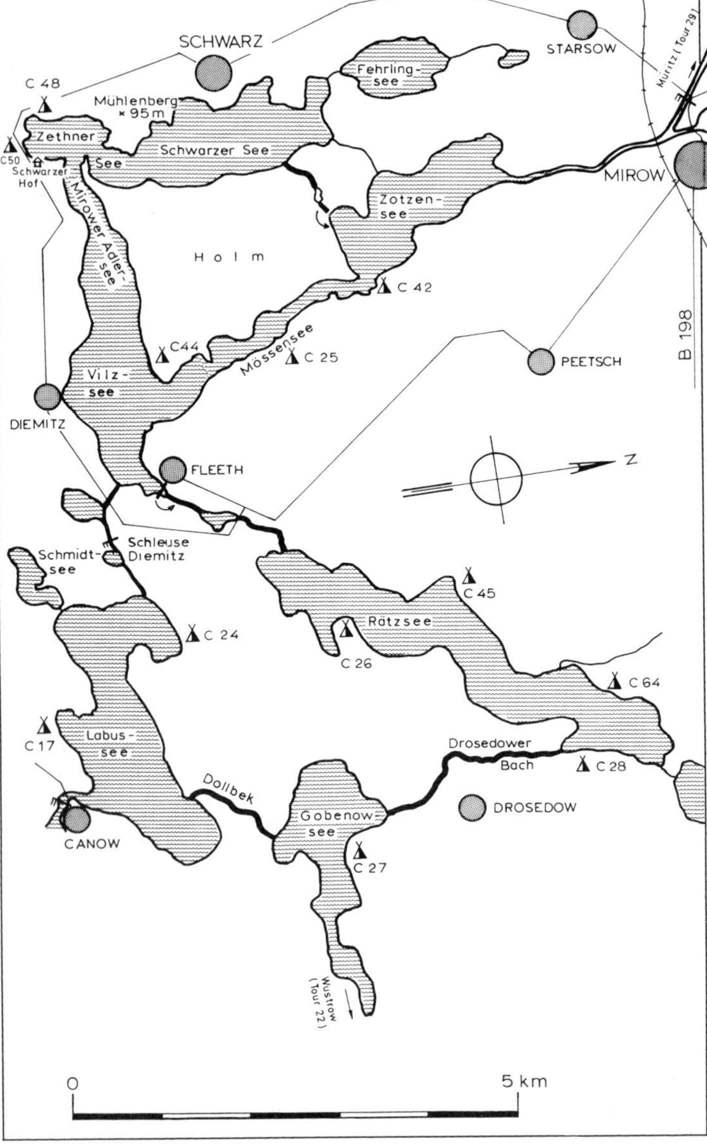

See rechts um die Spitze Holmer Kamp herum in den Schwarzer See. In einer Bucht links gehen wir an Land, steigen auf den 95 m hohen Mühlenberg und haben eine schöne Aussicht auf den See und den gegenüberliegenden bewaldeten Holm. Das nahe gelegene Schwarz mit seiner markanten Dorfkirche ist ein beliebter Erholungsort (große Bungalowsiedlung).

Gegenüber von Schwarz finden wir einen ganz schmalen Graben; nicht ohne Grund wird er von den Kanuten »Mückenkanal« genannt, denn er führt durch einen sumpfigen Erlenwald. Bei geringem Wasserstand kann es vorkommen, daß wir hier das Boot stellenweise treideln müssen, aber schon nach 500 m sind wir auf einem kleinen, seerosenbedeckten Waldsee, und gleich danach, am Ende des Grabens, setzen wir um in eine Bucht des Zotzensees. Von hier aus kann man (links) nach 5 km Mirow (Anschluß-Tour 29, Alte-Fahrt-Runde) erreichen.

Wir paddeln jedoch nach rechts um den Holm herum in den Mössensee, dessen Uferzonen eine üppige Vegetation, besonders in den vielen Buchten, aufweist, obwohl er auch von Motorbooten befahren wird. Wieder auf dem Vilzsee angekommen, halten wir uns nun links und müssen an der Fleether Sägemühle ca. 50 m umtragen. Gleich nebenan im Ort Fleeth bietet das Hotel »Oase« (Tel. 039833/2 21 94) in seiner rustikalen Gaststätte Mecklenburger Gerichte preiswert an. Nun liegt der Rätzsee vor uns, und damit sind es noch 4 km schöne Fahrt bis zum Zeltplatz. Wir dürfen uns nicht wundern, wenn sich hier auch Segler, Surfer und Paddler naturnah »textilfrei« bewegen, denn auf den umliegenden drei großen Zeltplätzen ist FKK angesagt. Der kleine Zirtow-See im Norden kann befahren werden.

Charakter, Tips

Vier Seen an der Müritz-Havel-Wasserstraße, dazu drei mit ihnen durch Flüsse und Kanäle verbundene Seen inmitten des »Müritz-National-Parks«, umgeben von ausgedehnten Kiefern- und Buchenwäldern der hügeligen Endmoränenlandschaft ergeben eine schöne Tages- oder Wochenendfahrt, die mit allen Bootstypen unternommen werden kann. Ein- und Aussetzstelle, Fahrtrichtung, Streckenlänge (12, 18 oder 30 km) können frei gewählt werden. Die Fahrt kann kombiniert werden mit den Touren 29, Alte-Fahrt-Runde, und 22, 10-Seen-Rundfahrt. Außer zwei Umtragestellen und einer Schleuse (ohne Bootsschleppe, stündlicher Betrieb) gibt es keine Hindernisse.

Zwölf Campingplätze sowie Unterkünfte und Gaststätten in Schwarz, Mirow und Canow sind auf Urlauber eingerichtet.

Zeltplätze: C 26, 28, 45 (alle FKK) und C64 am Rätzsee, C27 am Gobenowsee, C17 und C24 am Labussee, C48 und C50 am Schwarzer See, C42 am Zotzensee, C25 am Mössensee, C44 am Vilzsee. Bahnanschluß von Mirow, Busverbindung nach Schwarz, Mirow und Canow. Die Anreise mit dem Auto zu den Zeltplätzen führt teilweise über sehr ausgefahrene, ungenügend bezeichnete Waldwege. Auskünfte und Service siehe Tour 22.

Karten, Kanu-Literatur

Generalkarte Ost, 1:200 000, Blatt 2; Touristenkarte Mecklenburger Seenplatte, 1:120 000; Wasserwanderatlas Mecklenburger Gewässer, 1:100 000, Blatt 1 und 15.

DKV-Gewässerführer für Ostdeutschland, Abschnitt 3, 18.23.

24

Rheinsberger Seen

Zechlinerhütte (Rundfahrt)
67 km
4-Tage-Fahrt
Rhin, Nebenfluß der Havel

Obwohl das Rheinsberger Seengebiet nicht allzu groß ist, planen wir dafür einige Sommerurlaubstage ein – aber auch der Herbst kann hier wunderschön sein. Wir paddeln mit anderen Wassersportlern, vom Kleinen Pälitzsee (Tour 22) kommend, in den Hüttenkanal bei Klein Zerlang ein und werden in der Schleuse Wolfsbruch um ganze 10 cm abgesenkt. Bald erreichen wir den Prebelowsee (rechts an der Straße die Jugendherberge Prebelow, die Bungalowsiedlung »Prebelower Kinderland«, Tel. 033921/2 46, und der Zeltplatz D 86). Am Tietzowsee halten wir uns links, legen nach der Straßenbrücke über den Jagow-Kanal in Zechlinerhütte links an und lassen uns im Terrassencafé am Schlabornsee verwöhnen. Hier sind wir ganz im Zentrum der Rheinsberger Seen und suchen uns deshalb gleich am Bikowsee, links hinter dem Ort, einen schönen Zeltplatz. Von dort starten wir dann unsere folgenden Tagesausflüge.

Der erste führt uns nach Rheinsberg. Nach dem Schlabornsee durchfahren wir einen Kanal. Der auf halber Strecke rechtsseitig liegende Mehlitzsee und der Sabinensee sind Brutstätten vieler Wasservögel und deshalb gesperrt. Der Rheinsberger See ist der größte in diesem Gebiet und völlig von Wald umgeben. Er hat mit der Remus-Insel ein besonderes Prunkstück. Heute zeugen nur noch Reste des slawischen Burgwalles unter mächtigen Bäumen von der reichen Geschichte dieser Insel.

Im Süden führt ein breiter Kanal zum Grienericksee. Die Türme des Rheinsberger Schlosses, unser Ziel (7 km), sehen wir bald links. Hier residierte der preußische Kronprinz Friedrich (der spätere Friedrich der Große),

Das berühmte Schloß Rheinsberg.

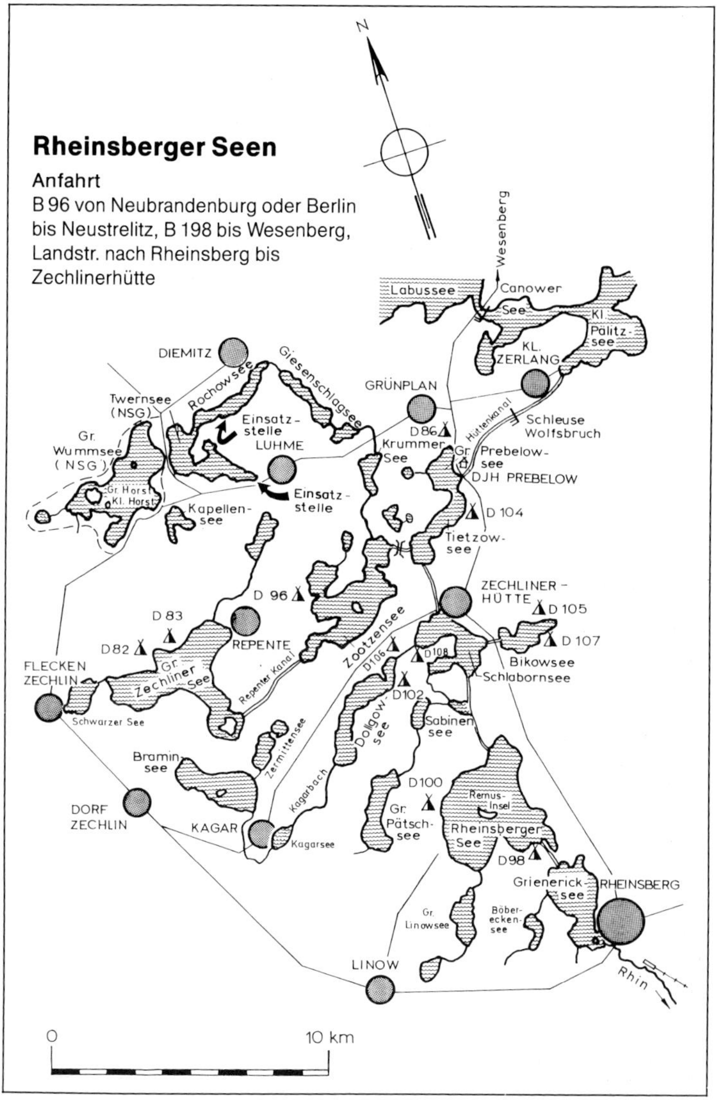

Theodor Fontane beschrieb dieses Ensemble in seinen »Wanderungen durch die Mark Brandenburg«, und in Kurt Tucholskys Welterfolg »Rheinsberg« (1912) erlebten Claire und Wolfgang vieles von dem, was wir auch heute noch bewundern können. Für einen Rundgang durch Schloß und Park nehmen wir uns einige Stunden Zeit. Einen besonders schönen Blick auf das Schloß haben wir vom Obelisk, einem Denkmal des 7jährigen Krieges (1791).

Die nächste Tour führt uns nach Flecken Zechlin, einen Urlauberort (26 000 Gäste/Jahr). Vom Tietzowsee zweigen wir westlich ab zum Zootzensee. Durch den Repenter- oder Landwehr-Kanal ist er verbunden mit dem Großen Zechliner See. Er ist mit 36 m der tiefste dieser Seen. Vom Vogelberg (85 m) in der Ostecke des Sees haben wir einen schönen Blick über die Seen und nach Flecken Zechlin mit dem großen Ferienhotel.

Ebenso reizvoll kann die Fahrt vom Schlabornsee zum schmalen, völlig von Wald umgebenen Dollgowsee und durch den Kagarbach bis zum Dorf Kagar am gleichnamigen See (6 km) sein. Kagar wurde 1685 von Hugenotten gegründet und hat heute 200 Einwohner, aber 14 000 Feriengäste pro Jahr.

Nördlich vom Großen Zechliner See liegt das Naturschutzgebiet »Wumm- und Twernsee« – zwei buchtenreiche, ganz von hohem Traubeneichen-, Buchen-, Kiefernwald umgebene Klarwassermoränenseen mit besonders reicher Krebsfauna, der Lebensraum vieler seltener Tierarten wie Fisch- und Seeadler, Kranich, Schellente und Fischotter.

Wir fahren zum Parkplatz an der »Grünen Hütte« (früher Glaswerk), westlich vom Dorf Luhme, und können zunächst um den Wummsee wandern (etwa 2½ Stunden – das Befahren mit Sportbooten ist nach einer noch gültigen Richtlinie von 1985 verboten). Auf einem meist ufernahen, schönen Wanderweg kommen wir dabei auch zum Maronstein – einem Denkmal für einen königlichen Forstmeister (1885) auf einer Anhöhe am Westufer gegenüber der Insel Kleiner Horst (Totalreservat). Mit unseren Booten starten wir später von der Südspitze des Twernsee bei Luhme (Bootssteganlage nahe der Straße) und paddeln ohne anzulegen in Seemitte links um die Halbinsel herum. Sollte das durch Hinweistafeln (entsprechend oben genannter Richtlinie) verboten werden, können wir erst am Rochowsee an der Bungalowsiedlung von Luhme einsetzen. Im Nordosten finden wir die Durchfahrt zum Rochowsee, dem einzigen dieser Kette mit etwas Urlauberbetrieb.

Paddel-Romantik am Dollgowsee.

Ein kleines Fließ (Betonröhre umtragen) führt uns zum 2 km langen, dreiteiligen, einsamen Giesenschlagsee. An seinem Ende links beginnt das 600 m lange Fließ (zweimal umtragen) zum Krummen See. Bei Pegelstand 14 mußten wir da schon ab und zu aus dem Boot in das zum Glück sehr saubere Kiesbett des Rinnsals steigen. Noch enger und hindernisreicher werden die letzten 600 m zum Zootzensee (100 m umtragen in Neumühl).
Dann sind wir wieder in »zivilisierter« Umgebung. Campingplätze und Badestrände mit buntem Treiben, Surfer, Segler und Motorjachten ziehen ihre Bahn. Im Nordwesten des Zootzensees finden wir eine Durchfahrt zum Zeltplatz D 96 (links). Dort gehen wir an Land und müssen ca. 2,5 km laufen, um unsere Autos von Luhme zu holen.
In der Umgebung Rheinsbergs sind noch weitere schöne Touren möglich, so zum Wittwe-, Nehmitz- oder Stechlinsee (Neuglobsow). Der beliebteste Paddelbach ist sicher der Rheinsberger Rhin. Er fließt 17 km lang windungsreich und schnell durch ein malerisches Tal zu den Märkischen Gewässern (siehe Wasserwanderatlas Märkische Gewässer).

Charakter, Tips

Die Rheinsberger Seen liegen südlich der Seenkette der Müritz-Havel-Wasserstraße und sind durch den Hütten-Kanal (Schleuse Wolfsbruch) mit ihnen verbunden (Anschluß Tour 22, 10-Seen-Rundfahrt). Gemeinsamer Abfluß ist der Rheinsberger Rhin, der zu den Märkischen Gewässern (Lindow – Neuruppin) fließt. Zwischen den Urlauberorten Flecken Zechlin, Zechlinerhütte und Rheinsberg (Busverbindung) erstreckt sich auf gleicher Höhe eine idyllische Landschaft sauberer Seen und hoher Kiefern- und Buchenwälder von einmaliger Schönheit. Günstige Einsatzmöglichkeiten sind in Rheinsberg und Zechlinerhütte.
Gut erschlossene Wanderwege und Zeltplätze, Gaststätten und Unterkünfte, sehenswerte Bau- und Naturdenkmale finden sich hier auf engem Raum (Kleinzerlang bis Rheinsberg, 11 km; Zechlinerhütte bis Flecken Zechlin, 8 km); auch bestehen viele Tourenvariationsmöglichkeiten. Bahnanschluß in Rheinsberg.
Zeltplätze: D86, Prebelowablage; D104 Zechlinerhütte, Eckernkoppel am Tietzowsee; D96 Luhme, Fischerstellenablage; D82 Flecken Zechlin, Schookablage; D83 Flecken Zechlin, Siedlitzablage am Großen Zechliner See; D102 Kagar, Dollgowablage; D108 Zechlinerhütte, Schlaborn-Halbinsel; D107 Zechlinerhütte, Prinzenablage am Bikowsee; D105 Zechlinerhütte, Kälberkoppel am Bikowsee; D100 Rheinsberg, Steinablage am Rheinsberger See; D98 Rheinsberg, Prinzenstrand am Rheinsberger See; Jugendherberge in Prebelow (D12).

Sehenswertes

Rheinsberg: Stadtanlage, 1740 nach Plänen Knobelsdorffs; Schloß, 1740/1786 nach Knobelsdorff und Langhans; Pfarrkirche (14. Jh.), Feldsteinbau; Schloßpark mit Pavillon, Naturtheater, Skulpturen und Obelisken.
Zechlinerhütte: Glashütte (heute Strandrestaurant); Herrenhaus der »Weißen Hütte« mit Wegener-Gedenkstätte (Geophysiker, Polarforscher, 1880–1930).

Karten, Kanu-Literatur

Wasserwanderatlas Mecklenburger Gewässer, 1:100 000, Blatt 11; Generalkarte Ost, 1:200 000, Blatt 2; Touristenkarte Rheinsberger Landschaft, 1:50 000; Tourist Wanderatlas Rheinsberg-Neuruppin.
Reisehandbuch Mecklenburger Seen, S. 405; DKV-Gewässerführer für Ostdeutschland, Abschnitt 3.18.23.1.

25

Thymensee-Rundfahrt

Godendorf – Düsterförde
31 km
1–2-Tage-Fahrt
Thymenbach, Nebenfluß der Havel

Die stille Schönheit der Landschaft, kaum Hindernisse auf den Wasserwegen, die geringe Entfernung zwischen Einsatzstelle und Ziel sowie die verkehrsgünstige Lage sind die Empfehlungen für diese Sonntags- oder Wochenendpaddeltour.

Etwa 1 km neben der B 96, zwischen Neustrelitz und Fürstenberg, treibt der Godendorfer Mühlenbach zwei Mühlen. An der Schneidemühle (heute Reiterhotel »Hilly Billy Town«, Tel. 039825/ 2 05 26) ist die günstigste Einsatzstelle. Sie liegt nur 500 m vor dem einsamen Schwaberowsee. Hier sind wir schon im Naturschutzgebiet und verhalten uns entsprechend (siehe »Charakter, Tips«). Besonders schöne Eindrücke haben wir im folgenden Bruchgebiet. Ein recht breiter, träger Strom, die Godendorfer Bäk, windet sich (etwa 1,5 km) zum Thymensee. Seerosen und Schilf glitzern im Gegenlicht, das durch hohe Erlen bricht. Die Kiefern auf den Erhebungen der Sprenkelheide bieten dazu die Kulisse. Allerlei Enten und Tauchervögel finden wir hier, auch soll es Fischottern, Sumpfschildkröten und eine Fischreiherkolonie geben.

Auf dem Thymensee paddeln wir ebenfalls nur langsam und genießen Ruhe und Natur. An seinem Ende finden wir rechts eine Bucht, die zum Thymenbach führt. Hier wird das Flußbett enger, die Uferböschung höher und die Strömung schneller. Unsere Fahrt wurde nicht durch Hindernisse gestört. Wenn jedoch im dichten Wald, durch den sich der Fluß windet, mal eine der schönen Buchen quer im Wasser liegen sollte, müssen wir sie eben vorsichtig umtragen – ihre Entfernung würde der Natur noch mehr schaden. Der Bach endet im Schwedtsee vor Fürstenberg. Links am Ufer sehen wir das Mahnmal des ehemaligen

Das Mahnmal am Schwedtsee, am Eingang zum ehemaligen Konzentrationslager Ravensbrück.

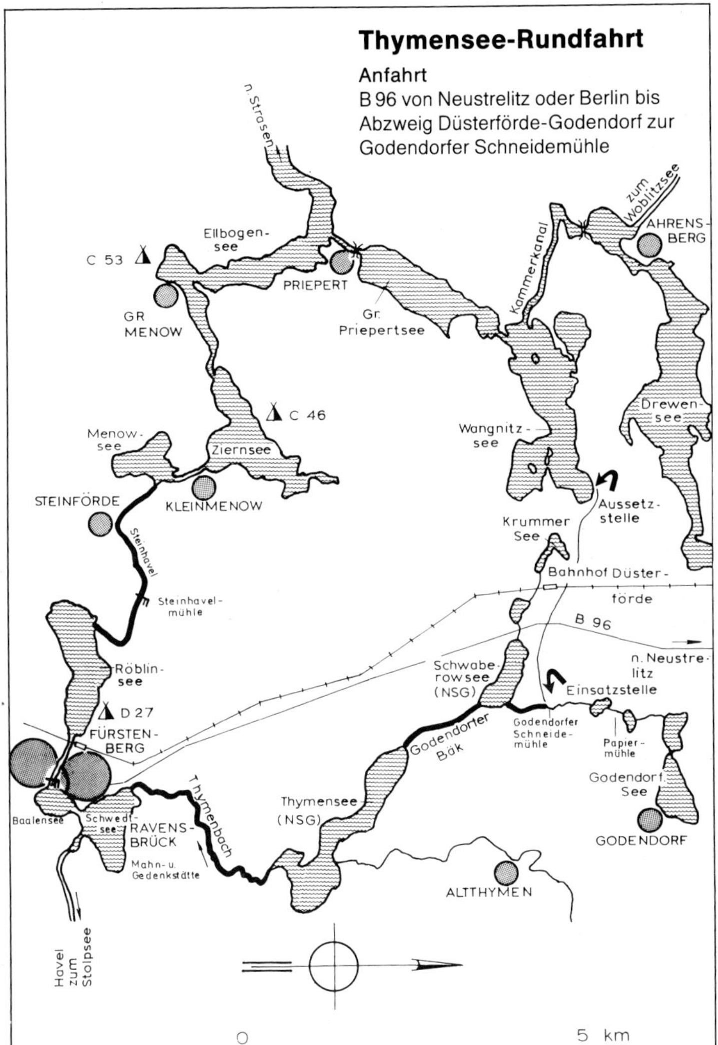

Konzentrationslagers Ravensbrück, das man auch per Boot besuchen kann.
Nun müssen wir aufpassen, daß wir nicht in den Havel-Kanal (Richtung Stolpsee) einfahren, sondern nahe der Stadt rechts die Durchfahrt zum Baalensee erwischen. Rechts ist dann die Einfahrt zur Schleuse. Wenn wir Fürstenberg besuchen wollen, sollten wir noch vor der Schleuse rechts am Stadtpark festmachen. Von da aus ist es nicht weit bis zu dem zwischen

drei Seen liegenden Stadtkern und Verkehrsnadelöhr. In dieser und der folgenden Schleuse werden wir auch immer Kontakt mit Motorbooten bekommen, die hier zwischen Berlin und der Müritz verkehren. Aber nur im Havel-Kanal sind sie uns etwas lästig, auf den Seen kann man meist genügend Abstand halten. Einen guten Zeltplatz finden wir nach 12 km Fahrt am Röblinsee (Nordufer) neben der Badeanstalt.
Frühmorgens schon biegen wir in die Steinhavel in der Nordwestecke des Sees ein. Da liegt sie noch wie ein langer Spiegel zwischen hohen Bäumen, und wir hören nur unsere Paddelschläge und vielstimmiges Vogelgezwitscher. Später, nach der Steinhavelmühle (Schleusung jede volle Stunde) und der Brücke Steinförde (Gaststätte), lassen wir noch den Menowsee links liegen. Der folgende Ziernsee und auch der langgestreckte, z-förmig gebogene Ellbogensee bieten noch einmal buchtenreiche Ufer mit schönen Zelt- und Badeplätzen und recht sauberem Wasser. Die Ortschaft Priepert und der folgende See sind uns schon von der 10-Seen-Tour (Nr. 22) bekannt.
Am Wangnitzsee verlassen wir die Havel und paddeln noch 2,5 km bis in seine Nordostecke zu einem Anlegesteg an einer kleinen Bungalowsiedlung. Hier können wir aussetzen und anschließend unser Fahrzeug von der Godendorfer Mühle nachholen.

Charakter, Tips

Dies ist eine fast ganzjährig mit allen Bootstypen befahrbare Tour über zehn Seen, verbunden durch Fließe und Kanäle, inmitten der Kiefernwälder nördlich von Fürstenberg. Der erste Abschnitt der Tour (Schwaberow- und Thymensee) führt durch ein Naturschutzgebiet. Die dafür 1986 erlassene »Behandlungsrichtlinie« verbietet auch das Befahren mit Sportbooten (Fischintensivwirtschaft ist jedoch erlaubt!) und gilt trotz vieler Widersprüche immer noch. An keiner der möglichen Einsatzstellen befinden sich bisher Hinweistafeln dazu. Nur an der Mündung des Thymen- oder Hegensteinbaches in den Schwedtsee verbietet ein Schild die Fahrt entgegen der Flußrichtung, was so ein sensibles Gewässer auch unnötig stören würde. Wir wollen hoffen, daß die ruhige Durchfahrt des Naturschutzgebiets auch offiziell bald gestattet sein wird, so wie es auch andernorts durchaus üblich ist. Jeder sollte durch vernünftiges Verhalten dazu beitragen. Nach Fürstenberg führt die Tour havelaufwärts (keine Strömung, zwei Schleusen) bis zum Wangnitzsee. Zwischen Endpunkt und Einsatzstelle liegen nur 2 km, dazwischen die B 96 und der Bahnhof Düsterförde. Außer der Einsatzstelle Godendorfer Papiermühle kann auch schon im Godendorfer See (links neben der Bungalowsiedlung) begonnen werden. Bei sehr gutem Wasserstand ist auch die Fahrt ab Großer Brückentinsee (nur über Waldwege zugänglich, Hotel auf der Insel) über Dabelowsee und Mühlen- bzw. Thymenfließ (viele Windungen, Strömung, zwei Wehre, Hindernisse) zum Thymensee möglich.
Zeltplätze: D27 Fürstenberg am Röblinsee; C 46 Priepert am Ziernsee; C53 Strasen am Ellbogensee.

Sehenswertes

Fürstenberg: Gedenkstätte Ravensbrück (ehem. Konzentrationslager); Stadtkirche (1845) von Buttel im neubyzantinischen Stil.

Karten, Kanu-Literatur

Generalkarte Ost, 1:200 000, Blatt 3; Wasserwanderatlas Mecklenburger Gewässer, 1:100 000, Blatt 9 und 12; Touristenkarte Mecklenburger Seenplatte, 1:120 000.
DKV-Gewässerführer für Ostdeutschland, Abschnitt 3.18.22; Reisehandbuch Mecklenburger Seen, Seite 156.

26

Feldberger Seen

Feldberg (Rundfahrt)
_45 km_
2–3-Tage-Fahrt
Havelzuflüsse

Es lohnt sich immer, in diesem Gebiet der acht größeren und mehreren Dutzend kleineren Seen ein paar Tage zu verweilen. Günstig sind dafür die Monate Mai und Juni, wenn die herrlichen Laubwälder im frischen Grün prangen und die Ginsterbüsche am Hauptmannsberg blühen; oder die Zeit der Herbstfärbung, wenn die Rotbuchen auf den Steilhängen am Schmalen Lucin ihre volle Schönheit entfalten. Während der Saison, besonders zur Ferienzeit, sind die Zeltplätze, Wanderwege und das kleine Städtchen Feldberg oft von Urlaubern überfüllt.
Wir reisen auf der Straße von Neustrelitz aus an und fahren am Ortseingang von Feldberg nach links, am Postmeilenstein vorbei, in Richtung Schlicht bis zur Jugendherberge C 6 auf dem Ziegenberg. Hier sind wir im Zentrum unserer Ausflüge gut untergebracht.
Nach Landkarte und Wanderheft erschließen wir uns einige der Sehenswürdigkeiten zunächst auf einem Rundgang um den Haussee. Wir durchstreifen das Städtchen und genießen vom Reiherberg aus die herrliche Aussicht über die Inseln (Grabenwerder, Liebesinsel) und die Stadt. Auch am Schloßberg (36 m ü.N.N., eine Burganlage der Redarier) sowie am Hüttenberg öffnet sich der hohe, dichte Buchenwald zu herrlichen Ausblicken in diese imposante Landschaft.

Blick vom Reiherberg über den Breiten Luzin nach Feldberg.

Feldberger Seen

Anfahrt

B 198 von Neustrelitz oder Prenzlau bis Möllenbeck, Landstr. nach Feldberg

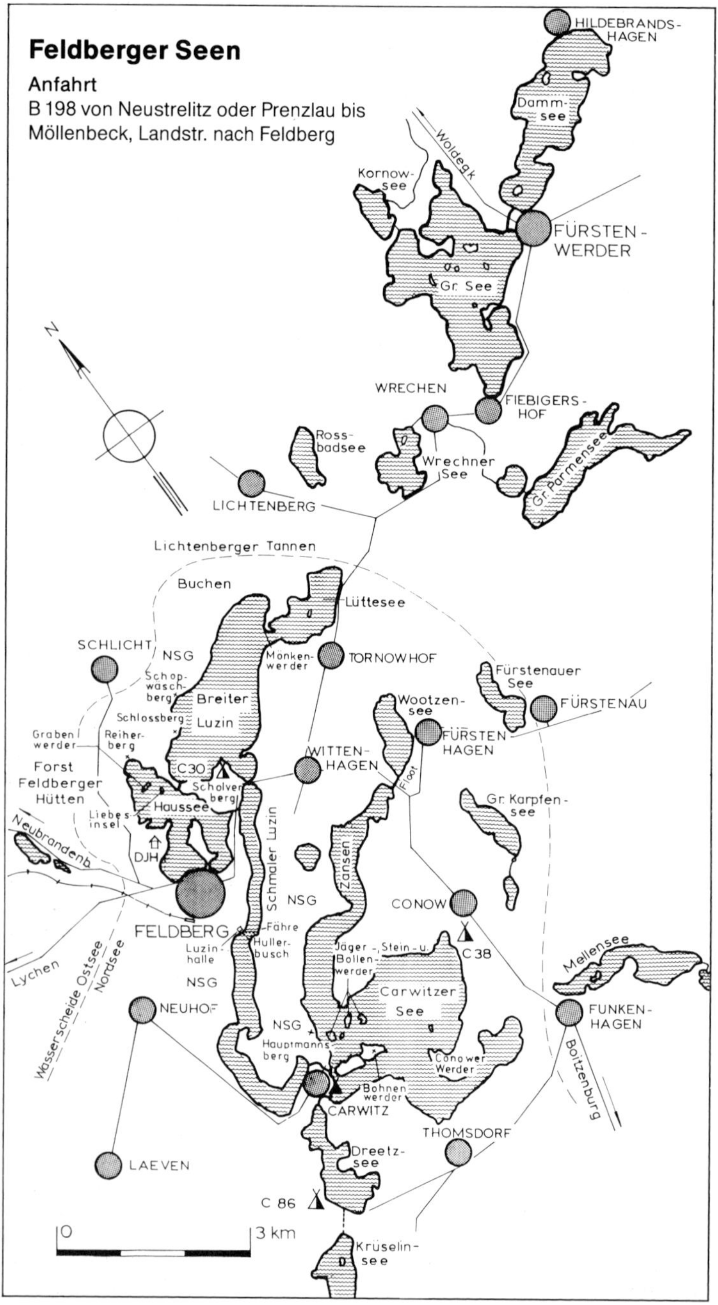

Eine Rundfahrt mit dem Boot führt uns unterhalb des Reiherbergs vorbei an den Inseln Grabenwerder und Liebesinsel auf dem Haussee durch den Lucin-Kanal zum Breiten Lucin (84 m ü.N.N.). Nun liegt rechts der Scholverberg (Zeltplatz) und links der Schloßberg. Die danach folgenden bewaldeten Höhen des Schopwäschberges (NSG) fallen steil zum Wasser ab, das hier in nur 100 m Entfernung vom Ufer schon 59 m tief ist.
An der Halbinsel Mönkenwerder vorbei erreichen wir den Lüttesee. Ganz am Ende links steht die Blücher-Eiche – eine Erinnerung an den Aufenthalt seiner Truppen nach der Schlacht bei Jena 1806. Zurück geht es am Ostufer durch den Langen Hals zur Gaststätte »Erddamm« (künstlich geschaffene Straßenverbindung Prenzlau–Feldberg–Neustrelitz). Dort können wir gut anlegen und es uns im Gartenlokal gemütlich machen.
Später durchfahren wir den Erddamm und sehen den Schmalen Lucin vor uns. Wir biegen jedoch gleich rechts in den Seerosenkanal ein und gelangen über eine Bootsrutsche in den Haussee. Drüben auf der Halbinsel Amtswerder befinden sich die Zuschauertribüne und die Sprungschanze für die Wettkämpfe und Schauvorführungen des Motorsportclubs Lucin, und wir können den jungen Wasserskiläufern beim Training zusehen.
Dann umfahren wir den Amtswerder, auf dem auch das Bootshaus der Rennkanuten liegt, und steuern die Schiffsanlegestelle von Feldberg am Stadtpark an. Von hier aus haben wir den besten Überblick über die Stadtkulisse und gelangen dann am Ostufer wieder zum Anlegesteg der Jugendherberge.
Wir packen unsere Siebensachen und nehmen Abschied von Feldberg. Für die Tour auf dem Schmalen Lucin lassen wir uns Zeit, denn viel zu schnell gleiten wir auf diesem tief in die Landschaft eingeschnittenen Rinnensee. Die schönste Stelle haben wir wohl an der handbetriebenen Fähre erreicht, die die »Lucin-Halle« (früher Gaststätte, rechts) und das »Naturschutzgebiet Hullerbusch« (links) miteinander verbindet. Es lohnt sich auch, auf dem rings um den See verlaufenden Naturlehrpfad mit vielen schönen Ausblikken zu wandern. In Carwitz (7 km) machen wir halt, besuchen das Fallada-Haus, den »Dorfkrug« und besteigen den 121 m hohen Hauptmannsberg. Im Juni, wenn an seinem Südhang die Ginsterbüsche blühen, ist der Blick von der Höhe über die Seen und Inseln ein beliebtes Fotomotiv.
Durch die Bäk (Achtung: Schwelle nach Brücke!) kommen wir auf den Carwitzer See, umfahren die Inseln und biegen in den Zansen ein. Er zieht sich bis zur Floot, einem kleinen Kanal, der zum Wootzen, dem See vor dem Dorf Fürstenhagen, führt (8 km von Carwitz). Auf der Rückfahrt paddeln wir zwischen Carwitzer Ufer (Seglerbootshaus) und der Insel Bohnenwerder hindurch um den Ort herum nach rechts und finden in der Bucht (Richtung Kirche und »Krog«) einen neuen schönen Zeltplatz mit guter Ausstattung.
Hier oder auf dem Zeltplatz C 86 Thomsdorf am Ende des Dreetz-Sees beenden wir die Tour und werden sie später nach Lychen (Tour 27) fortsetzen. Sollte uns noch ein Urlaubstag bleiben, können wir ihn für eine Fahrt auf den Großen Seen bei Fürstenwerder (Großer See, Dammsee) nutzen. Sie gehören zu den am höchsten

gelegenen Seen Mecklenburgs. (93 m ü.N.N.). Ihre Umgebung ist nicht ganz so wald- und höhenreich wie die der Feldberger Seen, sie weisen aber auch viele Buchten, Inseln, verschilfte Ufer und Badeplätze auf. Auch das zwischen beiden Seen eingeklemmte kleine Städtchen Fürstenwerder lohnt einen Besuch. Zwischen den mittelalterlichen Mauern scheint in einigen Winkeln die Zeit stehengeblieben zu sein. (Anfahrt über Thomsdorf, Funkenhagen, Conow, Wittenhagen, Wrechen.)

Charakter, Tips

Auf dem engen Raum des Feldberger Endmoränengebiets hinterließ die Weichseleiszeit eine Fülle landschaftlicher Kostbarkeiten. Genannt seien nur der 143 m hohe Reiherberg (nördlich des Haussees), der 59 m tiefe Breite Lucin (Mecklenburgs tiefster See), der 7 km lange Schmale Lucin (bis 40 m tief), inmitten von Steilhängen mit dichtem hohen Rotbuchenbestand. Ursprüngliche Natur in abwechsungsreichem Gelände, gebildet durch verschiedene Seengruppen mit Inseln, schöne Laubwälder, durch die auch Wanderwege zu den vielen Aussichtspunkten und Sehenswürdigkeiten rings um das anmutige Städtchen Feldberg führen, haben diese Landschaft zu einem gern besuchten Erholungsgebiet gemacht. Trotzdem findet man ausreichend ruhige Plätze, denn auf den meisten Seen ist zum Glück das Motorbootfahren verboten. Das saubere Wasser ist geeignet für alle Bootstypen.
Nordwestlich der Feldberger Seen verläuft die Wasserscheide zwischen Nord- und Ostsee; alle Gewässer dieser Gegend entwässern also in Richtung Havel zur Nordsee. Nördlich des Breiten Lucin biegt diese Linie ab und verläuft bei Funkenhagen zwischen Carwitzer und Mellensee zum Boitzenburger Haussee (Tour 19, Strom).
Die Feldberger Seenlandschaft ist Landschaftsschutzgebiet, deshalb darf nur an offiziellen Plätzen gezeltet werden: in der Bucht von Carwitz nahe dem »Krog«; C 86 Thomsdorf am Dreetzsee; Jugendherberge C 6 Ziegenberg am Haussee, C 30 (Scholverberg) am Breiten Lucin und C 38 Conow am Carwitzer See. Feldberg ist per Bahn und Bus erreichbar. Weitere Auskünfte: Verkehrsbüro, Strelitzer Straße 15 a, 17258 Feldberg, Tel. 039831/ 2 03 43.

Sehenswertes

Feldberg: Kirchturm (19. Jh.), Klinkerbau, 53 m hoch, 68 m über dem Wasserspiegel des Haussees; Drostenhaus auf der ehem. Burganlage auf der Halbinsel Amtswerder; Heimatstube im ehem. Spritzenhaus mit Ausstellung zur Geschichte, Landschaft und Tierwelt; viele Steinhügelgräber aus der Bronzezeit (»Hühnenwall«); Gruppe stärkster Robinien an der Kirche.
Carwitz: Hauptmannsberg, 121 m ü.N.N., 37 m über dem Wasserspiegel, NSG Ginsterhain; Gedenkstätte für den Dichter Hans Fallada (1893–1947); NSG Hullerbusch und Heilige Hallen mit ältestem Buchenwald Deutschlands; Dorfkirche (1706), Fachwerkbau; Naturlehrpfad am Schmalen Lucin, Lucin-Halle.
Fürstenwerder: Stadtbefestigung (Anf. 13. Jh.) mit Woldecker und Berliner Tor; Stadtkirche (13. Jh.), Feldsteinbau.

Karten, Kanu-Literatur

Generalkarte Ost, 1:200 000, Blatt 3; Touristenkarte Uckermark-Untere Oder, 1:150 000; Wanderkarte Feldberger Landschaft: 1:30 000; Wasserwanderatlas Mecklenburger Gewässer, 1:100 000, Blatt 13.
DKV-Gewässerführer für Ostdeutschland, Abschnitt 3.18.21.1; Brockhaus-Wanderheft, Nr. 128, Feldberger Seen; Reisehandbuch Mecklenburger Seen, Seite 156.

27

Lychener Gewässer

Thomsdorf – Fürstenberg
45 km
3-Tage-Fahrt
Havelzuflüsse

Im Gebiet um Feldberg kam die Hauptendmoräne der Weichseleiszeit vor 20 000 Jahren zum Stehen. Ihre gewaltigen Schmelzwasser flossen in südwestlicher Richtung ab und bildeten kleine Seenplatten, wie bei Lychen und Templin.

Wir nutzen die Strömung zur Havel aus und beginnen unsere Tour

Auf dem Krüselinsee starten wir nach Lychen.

Lychener Gewässer

Anfahrt
B 96 von Neustrelitz oder Berlin bis Fürstenberg, Landstr. über Lychen Richtung Boitzenburg bis Brüsenwalde, Landweg zum C 86

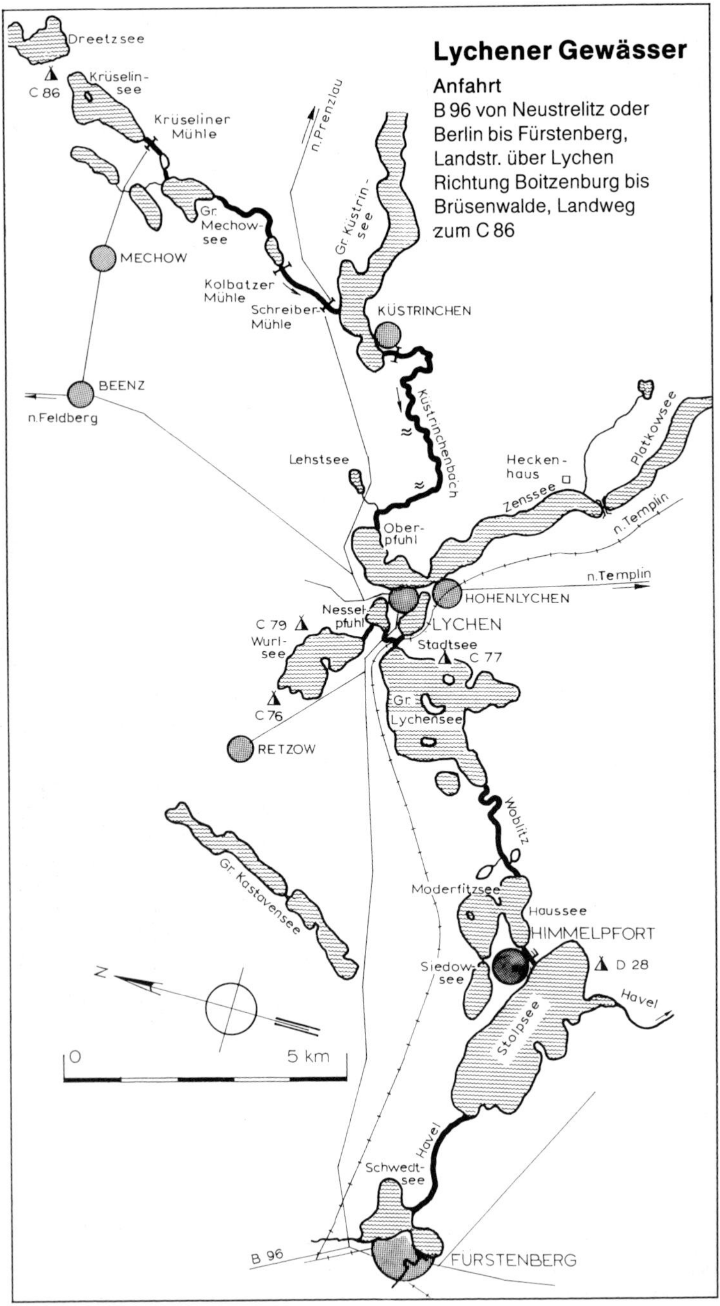

am Dreetzsee (Zeltplatz C 86, Tour 26). Das muß mit einem Gepäckmarsch von ca. 400 m über den Rand der Feldberger Mulde zum 9,5 m tiefer liegenden Krüselinsee beginnen. Das Wasser durchsickert diese Strecke unterirdisch.

Der folgende Abschnitt ist bei vielen Wasserwanderern sehr beliebt, weil er zwei schöne Seengebiete mit einem meist gut befahrbaren und munter strömenden Bächlein, dem Küstrinchen, verbindet und deshalb am Anfang mancher Urlaubsfahrt steht. Die Templiner Kanuten haben sich dieser Strecke besonders angenommen und durch Informationstafeln und den Ausbau der Umtragestellen an den vier Wehren sowie gute Zusammenarbeit mit den Anliegern für die Wanderpaddler gesorgt.

Über den einsamen Krüselinsee kommen wir zur Krüseliner Mühle (Wehr links umtragen) und können dort im Ferienheim auch essen (Anmeldung erforderlich, Tel. 039820/2 16).

Im Frühjahr hat der Küstrinchenbach schöne Schwallstrecken.

Der Mischwald entlang des Küstrinchenbachs im jungen Grün.

Weiter geht es über den Kleinen und Großen Mechowsee zum Kolbatzer Mühlenteich, der sich durch einen Birken- und Erlen-Sumpfwald schlängelt. An der Försterei Aalkasten zwängen wir uns unter einer niedrigen Fußgängerbrücke hindurch, aber das ist auch das einzige Hindernis auf dieser Strekke bis zur Kolbatzer Mühle (Wehr links umtragen).

Der See vor der Schreiber-Mühle (Gaststätte, Tel. 039888/6 07) ist stark verschilft, aber gut befahrbar. Wir müssen noch einmal links umtragen. Die folgenden 200 m können schwierig werden. Wenn die Forellenzuchtanlage nicht genügend Wasser abgibt, kann es vorkommen, daß wir stellenweise treideln müssen. Den Großen Küstrinsee (siehe Tour 19, Strom) überqueren wir und finden westlich vom Ort Küstrinchen die Einfahrt zum Küstrinchenbach.

Von der Stellung des neuen Wehrs (rechts umtragen) gleich am Anfang hängt es ab, ob man auf den folgenden 5 km bei guter Strömung flott durch alle Kurven kommen und über zwei lange Floßgassen rutschen kann oder auch hier stellenweise treideln muß. Auf der Fahrt durch den schönen Wald begegnen wir oft dem scheuen Eisvogel, aber auch Reh- und Damwild oder Wildschweine suchen die Nähe des Flusses. Zur Schonung dieses Flüßchens sollte es auf keinen Fall aufwärts gefahren werden.

Viel zu schnell ist der Oberpfuhl erreicht, und die Stadt Lychen liegt vor uns. Am Ufer des Stadtparks steigen wir aus und besuchen das Strandcafé. Unser Ziel für diesen Tag ist eine Bungalowsiedlung, ca. 500 m vor dem Ende des Zenssees links mit Anlegesteg und Strand (nahe Heckenhaus). Dort haben wir uns ein preiswertes Quartier besorgt (»Pension am Zenssee«, Tel. 039888/2 47).

Der folgende Tag ist dem Genuß der Ruhe der Natur bei einer Rundfahrt auf Zens- und Platkowsee (4 km bis zum Ende) und Spaziergängen im Wald mit Pilz- und Blaubeersammeln gewidmet. Wir paddeln zurück nach Lychen, vorbei am Waldhotel »Sängerslust«, Tel. 039888/2 77, und den großen Sanatorien von Hohenlychen. Noch vor der Stadt links muß das Wehr zum Stadtsee über die Templiner Landstraße umtragen werden.

Kurz vor der Ausfahrt in den Großen Lychensee (Eisenbahnbrükke) führt uns rechts ein Flußarm in den Nesselpfuhl. Eine Anlegestelle am Mühlgraben ist leicht gefunden und bietet Gelegenheit zu einem Rundgang durch die alte, 1945 fast völlig niedergebrannte Stadt. Sie befindet sich seit vielen Jahren im Wiederaufbau.

Unser nächstes Quartier wird der Zeltplatz C 79 am Ostufer des Wurlsees sein. Die schönen Badeplätze rings um den See sind bei Erholungssuchenden und Surfern sehr beliebt. Wenn wir anderntags über den Großen Lychensee paddeln, fällt uns der Abschied von diesem Seengebiet schwer. Eigentlich müßte man sich die Inseln Fischers-, Langes- (slawische Begräbnisstätte, Denkmal), Hohes-Werder und die Halbinsel Kukkuckswerder etwas genauer ansehen oder die kleinen Nebenseen (Kleiner Lychensee, Mellensee) befahren.

Unser Boot wird nach 4 km (von Lychen) von der Woblitz, einem breiten Kanal mit natürlich gewundenem Lauf durch Kiefern- und Erlenwald und ganz schwacher Strömung, aufgenommen und schwimmt bald auf dem Haussee. Die an dem rechts vom Haussee

gelegenen Moterfitzsee in alten Karten noch verzeichneten Zeltplätze gibt es nicht mehr.
Bevor die Schleuse Himmelpfort ihre Tore für uns öffnet, haben wir noch Zeit, um im nahen Gartenlokal zu rasten und die alten Klostermauern anzusehen. Den 1 km weiter südlich am Stolpsee liegenden Zeltplatz D 28 werden wir nicht ansteuern (Fortsetzung auf der Havel, Tour 20, möglich), sondern – bei Ostwind – über den Stolpsee (3 km) und weitere 3 km über Havel-Kanal, Schwedtsee (rechts KZ-Mahnmal Ravensbrück) und Baalensee nach Fürstenberg paddeln, um erst mal unsere Autos nachzuholen. So eine Frage sollte auch dann vom Wind entschieden werden, wenn er den breiten und verhältnismäßig flachen Stolpsee mit Schaumwellen bedeckt, die dort schon manchem Paddler zum Verhängnis wurden.
Als Fortsetzung bietet sich Tour 28, Templiner Seen, oder Tour 25, Thymensee-Rundfahrt, an.

Charakter, Tips

Auch dieses Paddlerparadies ist ein Geschenk der letzten Eiszeit – eine Endmoränenlandschaft. Die Stadt Lychen erhebt sich auf einer Halbinsel und wird von sieben Seen umgeben, die ein Kreuz bilden. Auf einer Achse liegen Nesselpfuhl–Wurlsee mit kleinen Zuflüssen aus Nordwesten und Zenssee–Platkowsee mit Zufluß aus Südosten. Der größte Zufluß kommt aus dem Küstrinchenbach von den Feldberger Seen aus nordöstlicher Richtung. Alles zusammen fließt über den Stadtsee in den Großen Lychensee nach Südwesten zur Havel. Die Seen sind fast vollständig von Wald umgeben und bilden im Verein mit Zeltplätzen, Gaststätten und Wanderwegen ein gut erschlossenes Urlaubsparadies. Die Höhe des Wasserspiegels liegt bei 52 m ü.N.N. und weist kaum Unterschiede auf (Wehr am Stadtsee, Schleuse Himmelpfort). Auch das wellige Hügelland in der Umgebung steigt kaum über 70 m an. Rund um Lychen und weiter zur Havel kann man ganzjährig mit allen Bootstypen paddeln.
Nur auf dem Küstrinchenbach, einer gebirgsbachähnlichen Verbindung vom Küstrinsee zum Oberpfuhlsee (9 m Gefälle auf 5 km), ist hoher Wasserstand oder Zuschußwasser erforderlich (Wehr Küstrinchen wird bedient durch die Gewässeraufsicht Flußbereich Templin, Tel. 03987/30 08).
Während die Seen östlich von Lychen (Oberpfuhl-, Zenssee) für Motorboote gesperrt sind, muß man auf den Seen in Richtung Havel leider damit leben.
Zeltplätze: C 86 Thomsdorf am Dreetzsee, D 28 am Stolpsee, C 77 Lychen am Großen Lychensee, C 79 am Wurlsee. Das gesamte Gebiet ist Landschaftsschutzgebiet und daher das Zelten nur an offiziellen Plätzen gestattet.
Übernachtungsmöglichkeiten in der Krüseliner oder der Schreiber-Mühle und der Bungalowsiedlung Heckenhaus am Zenssee sowie in Lychen, Himmelpfort und Fürstenberg. Lychen liegt an der Bahnstrecke Fürstenberg – Templin und ist per Bus auch von Feldberg und Prenzlau aus erreichbar.

Sehenswertes

Lychen: (»Stadt der Seen und Wälder«) Rathaus (1748); Reste der Stadtmauer mit zwei Toren; Stadtkirche St. Johannes (13. Jh.), Feldsteinbau. *Himmelpfort:* Zisterzienserkloster (13. Jh.), Kirche, Brauhaus.

Karten, Kanu-Literatur

Generalkarte Ost, 1:200 000, Blatt 3. Wasserwanderatlas Mecklenburger Gewässer, 1:100 000, Blatt 14, 13, 9; Touristenkarte Uckermark-Untere Oder, 1:150 000; Touristenkarte Mecklenburger Seenplatte, 1:120 000. DKV-Gewässerführer für Ostdeutschland, Abschnitt 3.18.21; Reisehandbuch Mecklenburger Seen, Seite 156; Brockhaus-Wanderheft 135, Templin–Lychen–Prenzlau.

28 Templiner Seen

Dannenwalde – Templin
35 (75) km
3–4-Tage-Fahrt
Havelzuflüsse

Strenggenommen gehört diese Landschaft nicht zu Mecklenburg-Vorpommern, sondern ist seit Jahrhunderten brandenburgisch. Jedoch wechselten hier die Landesherren sehr oft – bis 1990 gehörte das Gebiet zum Bezirk Neubrandenburg. Für den Wasserwanderer sind die Templiner Gewässer doch eher mit den Mecklenburger Seen verbunden, daher haben wir sie in die Auswahl einbezogen.

Unsere Tour beginnt am Kleinen Wentowsee bei Dannenwalde (B 96, Bahnhof). Ausgangspunkt ist der geräumige Zeltplatz bei Seilershof. Nach Unterqueren der Straßenbrücke und Eisenbahnlinie paddeln wir über einen Nebensee östlich zum Großen Wentowsee. Bis ans steile Ufer reicht beiderseits hoher Mischwald mit Kiefern und Buchen. Reizvolle Buchten mit Schilf und Seerosen, Zelt- und Badeplätze sowie Inseln machen die Fahrt auf dem schmalen See abwechslungsreich.

Bei Marienthal (8 km) müssen wir uns entscheiden: Einfacher ist es

Auf dem Templiner Kanal nähern wir uns der Altstadt.

Templiner Seen

Anfahrt
B 96 von Neustrelitz oder Berlin bis Dannenwalde (zwischen Gransee und Fürstenberg)

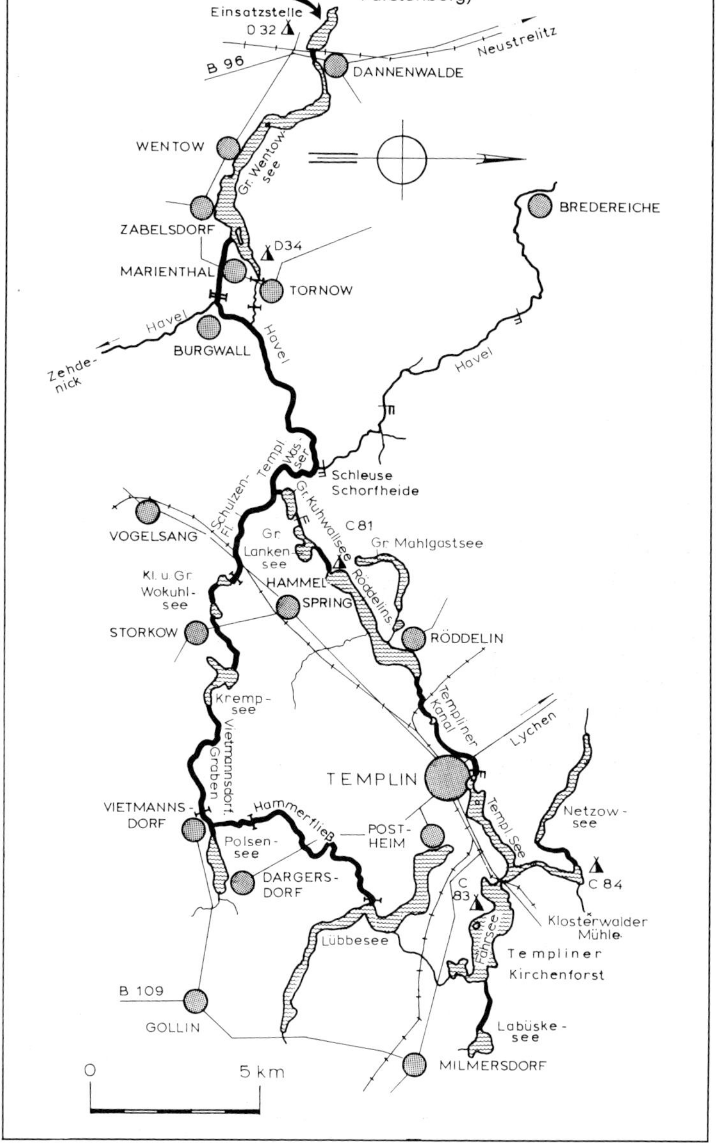

Das Templiner Seenkreuz ist ein beliebtes Wassersportrevier.

sicher, über den 2 km langen Wentow-Kanal zur Havel hin zu paddeln (am Ende Schleuse Marienthal). Wir ziehen die romantischere Variante vor: Am Ende des Sees setzen wir an der Mühle von Tornow (links über die Straße) um und schlängeln uns auf dem Tornowfließ (Schilf- und Baumhindernisse) zur Havel.

Nun geht es nach links die Havel aufwärts. Die kaum spürbare Strömung ist kein Problem, eher sind es die ständig auf und ab fahrenden Motorkajütboote, die von den überfüllten Berliner Gewässern bis in diese Gefilde tuckern. Zum Glück fahren sie entlang der Havel weiter zur Schleuse Schorfheide (6 km), während uns ein großes Schild den Weg nach rechts zum Templiner Wasser weist.

Noch etwas müssen wir vom Tornowfließ bis zum Röddelinsee auch beachten: So schön die Natur an beiden Ufern sein mag – man sollte hier besser keine Rast einlegen. Die Sowjetsoldaten, die in diesem Gebiet fast 50 Jahre stationiert waren, sind zwar 1993 abgezogen; es ist hier jedoch noch lange mit gefährlichen Munitionsfunden zu rechnen.

Schon nach 2 km mündet von rechts das Schulzenfließ. Wir sehen einmal hinein, um zu testen, ob es zwischen Schilf, Seerosen und anderen Pflanzen auch noch genügend Wasser gibt, um uns später für eine Fahrt auf dieser Nebenroute zu entscheiden. Die alte Schleuse nach dem Großen Kuhwallsee wird selten bedient, und das Umtragen rechts geht auch schneller.

Den Großen Lankensee lassen wir rechts liegen. – Warum tragen so schöne, einsame kleine Seen die irreführende Bezeichnung »Groß?« Der folgende Röddelinsee ist doch viel größer und belebter! – Den Zeltplatz links meiden wir, weil wir noch die hohe, baufällige Schleuse von Templin überwinden wollen (rechts über die Straße an der Mühle), um dann eine bessere Ausgangsbasis für die weiteren Wanderungen zu haben.

So durchfahren wir am Abend die Stadt, paddeln an der schönen Liebesinsel (links) und dem gut besuchten Stadtbad (rechts) vorbei und sind am Ende des Templiner Sees (rechts halten zum Bruchsee) schon wieder in einsamer Natur. Wir weichen den Seerosen, Schilfinseln und einer Schwanenfamilie aus, finden nach Eisenbahn- und Straßenbrücke (rechts Gaststätte »Fährkrug«)

den Fährsee und lassen uns nach 35 Tages-km endlich am Zeltplatz C 83 nieder.
Anderntags erkunden wir alle Ekken der Seenlandschaft. Die kürzeren Touren führen durch einen schönen, etwas verwachsenen Kanal nach Osten zum einsamen Labüskesee, der ganz von der Templiner Kirchenheide umgeben ist, und dann zum Gleuensee. Lohnend ist hier der 1-km-Abstecher zu Fuß durch ein romantisches Tal zur Klosterwalder Mühle und zum Kleinen Dollgensee.
Weiter können wir auf dem Netzow-Graben durch sumpfigen Erlenwald zum langgestreckten Netzowsee paddeln. Etwas schwieriger ist es schon, den von der Buchheide ganz umgebenen Lübbesee (ca. 6 km lang) zu erreichen. Man könnte dazu einfach in der Templiner Vorstadt (Postheim, Bad) einsetzen. Wir paddelten und treidelten vom Zaarsee durch den 2,5 km langen Alten Kanal. Viele Umtragestellen machen diese Strecke nicht gerade erholsam.
Fast gegenüber, in der Bucht, beginnt das Hammerfließ. Wenn das Wehr am Anfang nicht offen ist, sollte diese einsame, allerdings sehr schöne Wald- und Wiesenlandschaft lieber gemieden und erst in Vietmannsdorf eingesetzt werden. Dort fließt aus dem Polsensee ein munteres, gut befahrbares Bächlein, der Vietmannsdorfer Graben, durch Wald und Feld und drei kleine Seen (zwei Wehre). Nach Storkow (6 km) wird es langsamer und breiter und heißt dann Schulzenfließ. Es durchquert zuletzt ein Sumpfgebiet der Hammelspringer Kirchenheide mit herrlichen Seerosenecken, ein Paradies vieler Wasservögel, und mündet nach 13 km im Templiner Wasser (16 km zurück nach Templin).
Die Tour läßt sich gut mit der Havel (Tour 20) und ihren Varianten verbinden.

Charakter, Tips

Lange, schmale und dadurch windgeschützte Seen bilden das »Seenkreuz von Templin«. Verbunden sind sie untereinander durch breite Kanäle ohne Strömung und haben Anschluß an die schiffbare Havel (Tour 20). Zwei Schleusen auf der Strecke nach Templin müssen umtragen werden, deshalb verkehren nur wenige Motorboote. In der waldreichen Umgebung gibt es viele Campingplätze, Badestellen, Erholungsheime und Gaststätten, aber auch unberührte Buchten, kleine Seen, Inseln und Nebenarme. Lediglich das Hammerfließ und der Vietmannsdorfer Graben (nur mit Kunststoffeiner möglich) sind wasserstandabhängig befahrbar. Die Wasserabgabe am Wehr des Lübbesees wird geregelt durch die Gewässeraufsicht Templin (Tel. 03987/ 30 08).
Zeltplätze: D32 Seilershof am Wentowsee; D34 Tornow am Wentowsee; C 81 Röddelin am Röddelinsee; C 83 Templin am Fährsee; C 84 Klosterwalde am Gleuensee. Bahnverbindung über Löwenberg und Zehdenick.

Sehenswertes

Röddelin, Vietmannsdorf: Dorfkirchen (13. Jh.), Feldsteinbauten.
Templin: Stadtbefestigung, Feldsteinmauer, 1735 m lang mit Wiekhäusern; Prenzlauer Tor (mit Museum); Mühlentor; Berliner Tor; Rathaus (1750); St.-Maria-Magdalenen-Kirche (13. Jh.), Backsteingotik.

Karten, Kanu-Literatur

Generalkarte Ost, 1:200 000, Blatt 3; Wasserwanderatlas Märkische Gewässer, 1:100 000, Blatt 29, 32. DKV-Gewässerführer für Ostdeutschland, Abschnitt 3.18.20.

29

Alte-Fahrt-Runde

Mirow (Rundfahrt)
35 km
1–2-Tage-Fahrt
Nebenseen der Müritz

Jedes Jahr zu Pfingsten laden die Neubrandenburger und Neustrelitzer Kanuten seit 1972 zum großen Treffen an der Jugendherberge und am Zeltplatz C 40 am Mirower See ein. Wie oft auch mancher von ihnen inzwischen schon an der traditionellen Sonntagstour auf der Route der »Alten Fahrt« zur Müritz teilgenommen hat – es wurde keinem dabei langweilig, weil die urwüchsige Natur der einsamen Seen immer wieder faszinierend ist. Für die Fahrtplanung ist der Beginn am Zeltplatz C 40 (Kanustation »Lahntours«, Tel. 039833/2 20 99) von Vorteil. Anfängern genügt die reizvolle Seenkette (Granzower Möschen, Kotzower See, Mössel) bis zum Zeltplatz C 20 am Leppinsee.

Hohe Kiefernwälder beiderseits der schilfgesäumten Ufer, seerosenbedeckte Buchten, zahlreiche Wasservögel – allein die ersten 7 km bieten erholsame Natur für einen ganzen Tag. Ein schmaler Kanal führt zum Woterfitzsee, der schon zum Bereich des »Müritz-Nationalparks« gehört. Der folgende kleine Caarpsee zählt sogar zur »Schutzzone I«. Hier ist

Am Leppinsee legen wir eine Pause ein.

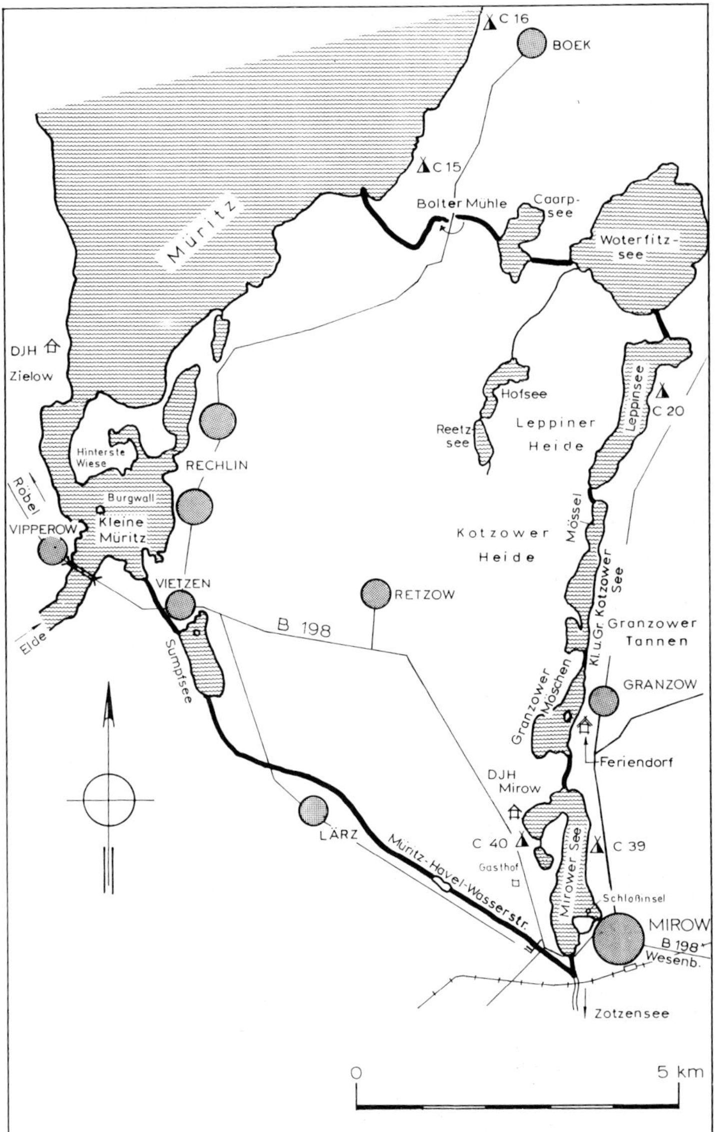

Alte-Fahrt-Runde

Anfahrt

B 198 von Neustrelitz (B 96) oder von BAB 19 (Berlin–Rostock), Abzweig Röbel bis Mirow

nur noch die Durchfahrt von Paddel- und Ruderbooten entlang der Bojenkennzeichnung auf geradem Weg erlaubt. Vom Schilf bleiben wir mindestens 30 m entfernt, um Wasservögel und Fischbrut nicht zu stören.
Im folgenden Kanal liegt die alte Schleuse von Boek. Sie ist nach Baufälligkeit zugeschüttet worden, weil Motorboote die Müritz nun durch den neuen Kanal bei Lärz erreichen können. Für die dadurch gewonnene Ruhe nehmen wir die 100-m-Umtragestelle gern in Kauf (Bootswagen steht bereit).
Am Ausgang des Kanals ankern meist viele große Segel- und Motoryachten – ein Urlaubshafen für Müritzsegler. Wir paddeln an der Kanalmole erst mal nach links zurück ans Ufer (schöner Sandstrand), nutzen die Rast zu einem weiten Ausblick über die Müritz sowie einem Bad im flachen, klaren Wasser und schätzen Wind und Wellen ein, ob wir und die Boote für eine »Seefahrt« gerüstet sind. Hier, nach 13 km, haben wir uns schon oft für die Rückfahrt auf dem gleichen Weg entschieden, wenn uns die Schaumkronen auf der Müritz im Frühjahr zu kalt und bedrohlich erschienen.
Die Weiterfahrt erst in Ufernähe nach links (südlich), später in Richtung Seezeichen vor der Jugendherberge Zielow führt uns nach Vipperow. Rechts sehen wir die Brücke der B 198, die über den Müritzarm (Tour 30, Elde) führt. Links liegt Rechlin mit der großen Schiffswerft, in der vor allem Rettungsboote für Hochseeschiffe gebaut werden. Der Sumpfsee nach Vietzen ist die letzte natürliche Wasserfläche vor dem 7 km langen Müritz-Havel-Kanal. Dazwischen liegt der Ort Lärz mit einem großen Militärflugplatz.

Nach der Schleuse (Bootsschleppe rechts) paddeln wir nach links zum Mirower See. Wir leisten uns noch den Abstecher um die Schloßinsel rechts herum und durch die Brücke mit dem kunstvoll geschmiedeten Geländer zur Liebesinsel. Ein Monument auf

Pfingstfahrt auf der Mirower Seenkette.

dieser Insel zeigt eine gebrochene Säule, um die sich eine Schlange windet, zur Erinnerung an den letzten Großherzog von Mecklenburg-Strelitz, der hier den Freitod suchte.
Auf der Weiterfahrt über den Mirower See meiden wir das linke Ufer, das den Wasserskisportlern vorbehalten ist, und biegen dann nach links zum Schulzensee ein, wo uns schon von weitem der Anlegesteg der Jugendherberge erwartet. In ihr finden wir wieder freundliche Aufnahme, um uns auf weitere reizvolle Touren, die man von hier aus unternehmen kann, vorzubereiten.

Höher sollten die Wellen bei einer Faltboottour auf der Müritz nicht schlagen.

Charakter, Tips
Diese Tour besteht aus 10 km Müritzsee (windgefährdet!), 10 km Mirower Kanal, also dem »neuen« Wasserweg zur Müritz (etwas eintönig) und 15 km »altem« Wasserweg, eine Kette schmaler, sauberer Seen, verbunden durch alte Kanäle in bewaldeter, ein wenig hügeliger Landschaft mit reicher Tier- und Pflanzenwelt im »Müritz-Nationalpark«. Eine in der Saison stündlich betriebene Schleuse auf der einen Seite (Mirow) und eine Umtragestelle auf der anderen (Bolter Mühle) bilden die Stufen zur 3,4 m höher gelegenen Müritz und vermeiden dadurch jegliche Strömung.
Fünf Campingplätze, Jugendherbergen mit Zeltmöglichkeiten sowie Unterkünfte und Gaststätten gibt es in Mirow, Rechlin und Vipperow. Zeltplätze: C 39 und C 40 am Mirower See, C 20 am Leppinsee, C 15 und C 16 am Müritzsee, Feriendorf Granzow, Tel. 039833/2 03 10, Jugendherbergen Mirow und Zielow. Bus- und Bahnverbindung nach Rechlin und Mirow. Die Tour kann in beiden Richtungen durchgeführt und mit den Touren 23 (Rätzsee-Rundfahrt) und 30 (Obere Elde) kombiniert werden.

Sehenswertes
Mirow: (1227 durch den Johanniterorden gegründet) Unteres Schloß (18. Jh.), Schule und Stadtverwaltung; Schloßinsel mit Barockschloß (18. Jh.) und Torhaus (16. Jh.); Kirche der Johanniterkomturei (14. Jh.), Backsteingotik; Liebesinsel mit Grabmal des letzten Großherzogs von Mecklenburg-Strelitz (1918).

Karten, Kanu-Literatur
Generalkarte Ost, 1:200 000, Blatt 2; Wasserwanderatlas Mecklenburger Gewässer, 1:100 000, Blatt 15; Touristenkarte Mecklenburger Seen, 1:120 000.
DKV-Gewässerführer für Ostdeutschland, Abschnitt 3.18.23.

30

Obere Elde

Buchholz–Plau
_35(65) km_
4–7-Tage-Fahrt
Nebenfluß der Elbe

Für diese Tour durch das Zentrum der mecklenburgischen Großseenlandschaft benötigt man einige Urlaubstage. Auch die Planung sollte nur grob angelegt sein, da man nicht bei jedem Wetter über die Seen fahren kann und das vielfältige Angebot an Zeltplätzen, Sehenswürdigkeiten sowie Wander- und Paddelrevieren neben der Hauptroute manche Änderung erfordert. Zu der von uns vorgeschlagenen Fahrt gibt es also noch viele Variationen, die man je nach Lust und Zeit ausprobieren kann. Zahlreiche große und kleine Seen

Durchfahrt zum Krümmeler See.

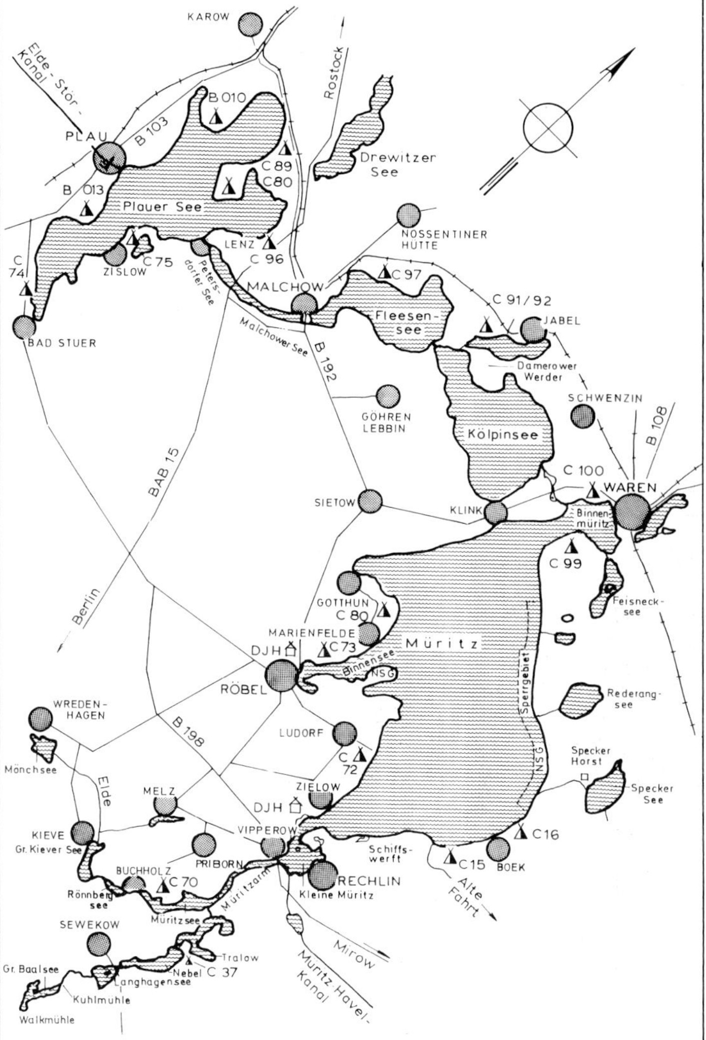

Obere Elde

Anfahrt

B 198 von Neustrelitz (B 96) oder von BAB 19 (Berlin–Rostock), Abzweig Röbel bis Mirow, Landweg bis Krümmel (südwestl.)

unterschiedlichster Art, dichte Laub- und Nadelwälder, viele Naturschutzgebiete mit seltenen Tieren und Pflanzen umgeben die Müritz, das »Meer« (slawisch: »morcze«), den mit 117 km^2 größten Binnensee Ostdeutschlands. Die Elde, der mit 220 km längste Fluß Mecklenburgs – 184 km davon sind schiffbar –, kommt vom Mönchsee und durchfließt die »oberen Seen«. Der Wasserspiegel dieser Seen wird durch die Schleuse Mirow im Osten (3,5 m höher als die Müritz-Havel-Wasserstraße) und die Schleuse Plau im Westen (1,5 m höher als der Elde-Kanal) beständig auf 62 m ü.N.N gehalten.

Wir starten unsere Tour im Süden der Müritz und errichten unser erstes Lager am Nebelsee bei Krümmel (C 37, westlich von Mirow). Dieses ruhige, von Wald umgebene Gewässer ist Teil einer Seenkette östlich der Elde, die wir zunächst aufwärts (südlich) befahren wollen.

Unter der Straßenbrücke von Sewekow hindurch finden wir zum Langhagensee. Im Einer kommen wir bei gutem Wasser auch noch im Schildschen Graben fast bis zur Kuhlmühle, müssen dann dort aber ca. 200 m umtragen zum 7 m höher gelegenen Baalsee. Wir beenden diesen Ausflug an der Walkmühle am Kleinen Baalsee, denn die Fortsetzung über den Griebsee zum Dranser See bis nach Schweinrich scheint uns doch zu beschwerlich zu werden. Also, in Schweinrich sollte man diese Fahrt besser nicht beginnen.

Der nächste Ausflug geht in Richtung Elde-Ursprung. Von unserem Zeltplatz nach rechts durch den Kanal und eine schöne Seerosenbucht paddeln wir zwischen Mühlenberg (rechts) und Blocksberg (links) vorbei am Tralowsee, durch den Thüren und »Im langen Ort« links durch einen schilfumsäumten Kanal zum Müritzsee. In der gegenüberliegenden Bucht mündet die Elde. Sie kommt von Priborn, das wir von weitem sehen können. Ihrem eigentlichen Lauf zu folgen, gaben wir aber nach ca. 1 km auf; zu schmal ist der Graben zum Melzer See.

Also fahren wir weiter nach Buchholz. Beinahe wären wir dort einmal umgekehrt. Zum Glück haben wir das 1 m hohe Fallwehr doch umtragen (ca. 50 m am Zaun links). Nach 1 km Fahrt gegen geringe Strömung sind wir auf dem schönen Rönnbergsee. Obwohl wir möglichst lautlos paddeln, fliegen schreiend einige Graureiher auf, ein Schwarm Tafelenten erhebt sich schnatternd, eine Hökkerschwanfamilie zieht durch Seerosenpflanzen ins Schilf, und über uns kreisen Milan und Rohrweihe. Wir fahren weiter zum Kiever See, vorbei an Trauerweiden und Birken und einem Ginsterhang. Am Anglerbootshafen in Kieve könnte man die Fahrt wohl auch beginnen. Nördlich im Morinsholz (Erlensumpf) finden wir auch die Elde wieder, aber nach 2 km (Wehr, daneben Hügelgrab) kehren wir wieder um, denn der folgende Mönchsee bei Wredenhagen ist streng behütetes Naturschutzgebiet (Möwenkolonie mit über 3000 Brutpaaren).

Wir verlassen unseren Zeltplatz, paddeln wieder zum Müritzsee, wenden uns diesmal aber nach rechts zum Müritzarm. Nach 8 km durchfahren wir bei Vipperow ganz links den Damm der B 198 und sind nun auf der Kleinen Müritz (Tour 29, Alte-Fahrt-Runde). Am Steg der Jugendherberge Zielow (links, mit Wasserwanderzentrum »Tokon-Sports«, Tel. 039923/ 25 47) legen wir für eine Pause an.

Vor der Weiterfahrt machen wir das Boot von oben dicht, um auf der Müritz keine Überraschung zu erleben. Am sichersten paddeln wir nun entlang der numerierten schwarzen Bojen. Da sind wir in genügend tiefem Wasser, aber nicht zu weit vom Ufer entfernt. An der Halbinsel Steinhorn können wir an Land gehen und von einer Höhe von 82 m ü.N.N. über die Müritz blicken. In die Bucht Zähner Lank (NSG, Vogelschutzgebiet) dürfen wir nicht einfahren, und auch von der Halbinsel Großer Schwerin (NSG) sollten wir mindestens 300 m Abstand halten. Das Ufer davor ist sehr flach und steinig.

Am Zeltplatz C 73 »Pappelbucht« von Röbel machen wir Quartier (nach 22 km von Krümmel) und nehmen uns auch Zeit für einen Bummel vom Hafen durch die Altstadt zur Neustadt. Im Pfarrhaus neben der Marienkirche holen wir uns den Schlüssel, um den 58 m hohen Turm zu besteigen, von dem wir einen herrlichen Rundblick über Stadt und See genießen.

Für den nächsten Tag haben wir uns nur die 16 km bis Waren vorgenommen. Wir bleiben weiter am linken Ufer (schwarze Tonnenbojen), überqueren die Bucht von Sietow und steuern nun Klink an. Schon von weitem leuchtet uns das hohe, helle Gebäude des Urlauberhotels entgegen. Wir legen vorher am kleinen, gut erhaltenen Schloß an und besichtigen das imposante Gebäude und den Park. Später sehen wir uns auch das Hotel an und fahren mit dem Fahrstuhl zur Aussichtsplattform. Bei günstigen Wetterbedingungen kann man von hier aus weit über die Wälder des Ostufers der Müritz und südlich bis nach Rechlin blicken.

Weiter geht es vorbei am größten Zeltplatz des Müritzgebietes, Ecktannen (2400 Personen), zur Binnenmüritz. Rechts sehen wir bereits die Türme von Waren, steuern aber geradeaus den Zeltplatz von Kamerun, Wassersport-

Vor dem Ferienhotel Klink an der Müritz gibt es den schönsten Strand.

zentrum »Sail-Point-Service«, Tel. 03991/16 57 06 an. Die Zeit reicht noch, um in Waren das Müritz-Aquarium (unter der Hochstraße am Bahnhof) zu besuchen und den Tag in der Ringgaststätte am Kietz (Park am Müritzufer) zu beschließen.

Dann fahren wir nach Westen, durch den Reeck-Kanal bei Eldenburg unter der B 192 hindurch in den Kölpinsee. Auf einer Anhöhe rechts lugt aus dem Wald das Schloß Schwenzin hervor (Heilstätte). Von der Halbinsel Damerower Werder (NSG) halten wir respektvollen Abstand, denn hier werden seit 1957 Wisentherden im Freigehege gehalten. Danach folgt der Kanal zu den Jabelschen Seen (Tour 31). Wir bleiben geradeaus und steuern den Einfahrtsdalben der Durchfahrt zum Fleesensee an.

Ein frischer Westwind empfängt uns auf dem See. Deshalb steuern wir nicht südwestlich auf die Durchfahrt nach Malchow, sondern orientieren uns zunächst etwas rechter Hand auf die Kirche von Nossentin und später links davon auf das Wäldchen auf dem Springelberg zu. Am windgeschützten Ufer entlang geht es vorbei am Zeltplatz vor dem Axenberg (C 97 Heidepark Silz). Nächste Orientierungspunkte sind der Trostberg (88 m ü.N.N.) und die Windmühle von Malchow.

Nach links biegen wir in den Malchower See und sehen bald die Stadtsilhouette mit der Klosterkirche links und der Kreuzkirche mit spitzem Turm rechts. Dazwischen befindet sich auf einer Insel der alte Stadtkern mit dem Rathaus und den schönen Fachwerkhäusern. Auf der einen Seite der Insel führt ein Erddamm durch den See zum Kloster mit seinem dahinter liegenden Park, dem »Engelschen Garten«, und auf der anderen Seite eine kleine Drehbrücke (technisches Denkmal) zur Neustadt. Wir paddeln unter dieser Brücke hindurch, legen danach rechts am Bootshaus der Kanuten an und nehmen uns die Zeit für einen ausgiebigen Einkaufsbummel.

Anschließend fahren wir weiter durch den schmaler werdenden Malchower See. An der schmalsten Stelle heißt er Recken und geht dann an der hohen Brücke der Autobahn Berlin–Rostock in den Petersdorfer See über. Vor der Ausfahrt zum Plauer See rechts am »Lenzer Krug« legen wir zu einer Kaffeepause nochmals an, ehe wir den Zeltplatz C 90 auf der gegenüberliegenden Halbinsel Werder ansteuern (von Waren 28 km).

Von hier aus starten wir noch zwei Tagesausflüge: Der erste führt uns bis in die von schönem Laubwald umgebene Südspitze des Sees nach Bad Stuer (12 km). Eine kleine Wanderung durch das »Tal der Eisvögel« (Flächennaturdenkmal) zur Ruine der alten Wassermühle beschließen wir in der sehr guten Gaststätte »Schweigt mir von Rom« (aus »Tannhäuser« von R. Wagner, 3. Aufzug) mit dem Mecklenburger Spezialgericht »Himmel und Erde«.

Der zweite Ausflugstag am Plauer See führt nach Norden zum kleinen Dorf Alt-Schwerin mit seinem agrarhistorischen Freilichtmuseum mit Windmühle, Schmiede, Dorfschule, Tagelöhnerkaten und vielen anderen Zeugnissen des früheren Lebens auf dem Lande. Unsere Boote setzen wir um (über die Überführung der Autobahn, dann links in einen kleinen Graben) zu einer Tour auf dem Drewitzer oder Alt-Schweriner See. Früher war das nicht erlaubt, weil sich Erich Honecker hier an einer

der malerischen Buchten ein Ferienhaus mit großem, schilfgedecktem Bootshaus eingerichtet hatte (Besichtigung möglich). Unsere Mittagspause machen wir am breiten Sandstrand im Nordosten des Sees (7 km).
Nach sieben Tagen entlang der Elde steht uns nun nur noch die Überfahrt nach Plau bevor. Hier fahren wir in den Elde-Kanal ein, gehen nach der Straßenbrücke noch vor der Schleuse links an Land und beenden diese Tour. Wir können sie später auf dem Elde-Stör-Kanal (Tour 32) fortsetzen.

Charakter, Tips

Die Obere Elde weist keine Strömung auf und ist mit allen Bootstypen ganzjährig ab Kieve bis Waren (35 km) und Plau (67 km) befahrbar. Anfangs kleinere Seen im südlichen Müritzgebiet, sind danach die vier zentralen Seen (Müritz-, Kölpin-, Fleesen-, Plauer See) ohne Hindernisse und Höhenunterschiede aneinandergereiht. Achtung: die gefährlichen Wellen (kurz und hoch) der großen, aber teilweise recht flachen Seen wurden schon vielen unerfahrenen Paddlern zum Verhängnis! Deshalb sollte man auch bei scheinbar ruhigem Wetter in Ufernähe bleiben und vor der Fahrt Boote und Ausrüstung überprüfen (Gepäck, Spritzdekke, Steuer, Anorak, Schwimmweste für Kinder) und die Boote unsinkbar machen. Slalom- und Kurzboote sind nur bedingt verwendbar.
Empfehlenswerte Urlaubsroute mit vielen Nebenrevieren (Tour 29, Alte Fahrt; Tour 31 Jabelsche Seen; Tour 32, Elde in Richtung Elbe oder Schwerin, südliches Müritzgebiet, Alt-Schweriner See, südlicher Plauer See) mit sehenswerten Städten (Röbel, Waren, Malchow, Plau) und gut erschlossenem Urlauberservice (Gaststätten, Hotels, Zeltplätze).
Zeltplätze: C 70 Buchholz, südlich Müritzsee; C 37 Krümmel, am Nebelsee, südlich Müritz; C 15/16 Boek, Ostufer der Müritz; C 72 Ludorf, Westufer der Müritz; C 73 Röbel, am Binnensee; C 71, 78, 80 Gotthun, Westufer der Müritz; C 99 Waren, Ecktannen; C 100 Waren, Kamerun; C 91, 92 Jabel, am Jabelsee; C 97 Silz, am Fleesensee; C 96 Plauer See, Autobahnabfahrt Malchow; C 90 Plauer See, Werder; C 89 Alt-Schwerin, am Plauer See; C 75 Zislow, Plauer See Ostseite (teilweise FKK am Strand); C 74 Stuer, Plauer See; B 013 Plötzenhöhe, am Plauer See; B 010 Leisten, Plauer See Nordseite. Jugendherbergen in Zielow, Röbel, Waren und Plau. Ferienhotel in Klink. Im Gebiet des »Müritz-Nationalparks« ist das Zelten nur auf den gekennzeichneten Plätzen gestattet.
Die meisten Städte sind mit dem Bus, Plau, Malchow und Waren auch mit der Bahn erreichbar.

Sehenswertes

Röbel: Marienkirche in der Altstadt (13. Jh.), Backsteingotik; Turm (1850) mit Aussichtsplattform; Nikolaikirche in der Neustadt (um 1820); alte Fachwerkhäuser; Windmühle (Jugendherberge).
Klink: Schloß (19. Jh.) der Adelsfamilie von Schnitzler; großes Urlauberhotel mit Aussichtsplattform und Schwimmhalle.
Malchow: Klosterkirche (Orden der Büßerinnen der hl. Magdalena); Stadtkirche (1870).
Alt-Schwerin: Agrarhistorisches Museum; Windmühle.
Plau: Burgwall und Turm (Reste der Burg von 1450); Rathaus und Giebelhäuser am Markt; Stadtkirche (13. Jh.); Wasserturm (Aussichtsturm).

Karten, Kanu-Literatur

Generalkarte Ost, 1:200 000, Blatt 1 und 2; Touristenkarte Mecklenburger Seenplatte, 1:200 000; Wasserwanderatlas Mecklenburger Gewässer, 1:100 000, Blatt 15 bis 18; Wanderatlas Müritzgebiet, 1:120 000.
Reisehandbuch Mecklenburger Seen, Seite 164; Brockhaus Wanderheft 130, Waren, Röbel.

31 Jabelsche Seenkette

Jabel – Klocksin
26 km
2-Tage-Fahrt
Eldezuflüsse

Wir nennen diese reizvolle Seenkette nach ihrem größten, vom Kölpinsee aus ersten, dem Jabelschen See. Oft haben wir unsere Tour über die großen Seen von Waren nach Plau oder umgekehrt mit einem Abstecher zu diesem See unterbrochen. Die 7-Seen-Tour bis zur Wasserscheide zwischen Ost- und Nordseezuflüssen gehört zu unserer Auswahl, obwohl oder gerade weil zur Überwindung der Seenverbindungen Kraft und Findigkeit erforderlich sind, was jedoch immer mit ungestörten Naturerlebnissen belohnt wird.
Vom Zeltplatz Heidenfriedhof (so genannt nach den fünf Hügelgräbern in einem kleinen Wäldchen südwestlich der Bucht neben dem Kanal zum Kölpinsee) am Plaschenberg (72 m) starten wir unsere Tour in Richtung Nordost. Der hohe Kiefernwald, der hier bis ans steil abfallende Ufer reicht, heißt »Liningtannen« und gehört zu den Ausläufern der großen Nossentiner Heide.
Schon nach 2 km biegen wir links in einen breiten, von Seerosen und Schilf umsäumten Kanal ein, auf dem wir bald den stillen Loppiner See erreichen. An seinem Nordwestende finden wir einen kleinen Graben, auf dem wir teilweise stakend die Straße (Rohrdurchlaß) erreichen, und müssen

Tiefer See und Hofsee trennt nur eine Schilfenge.

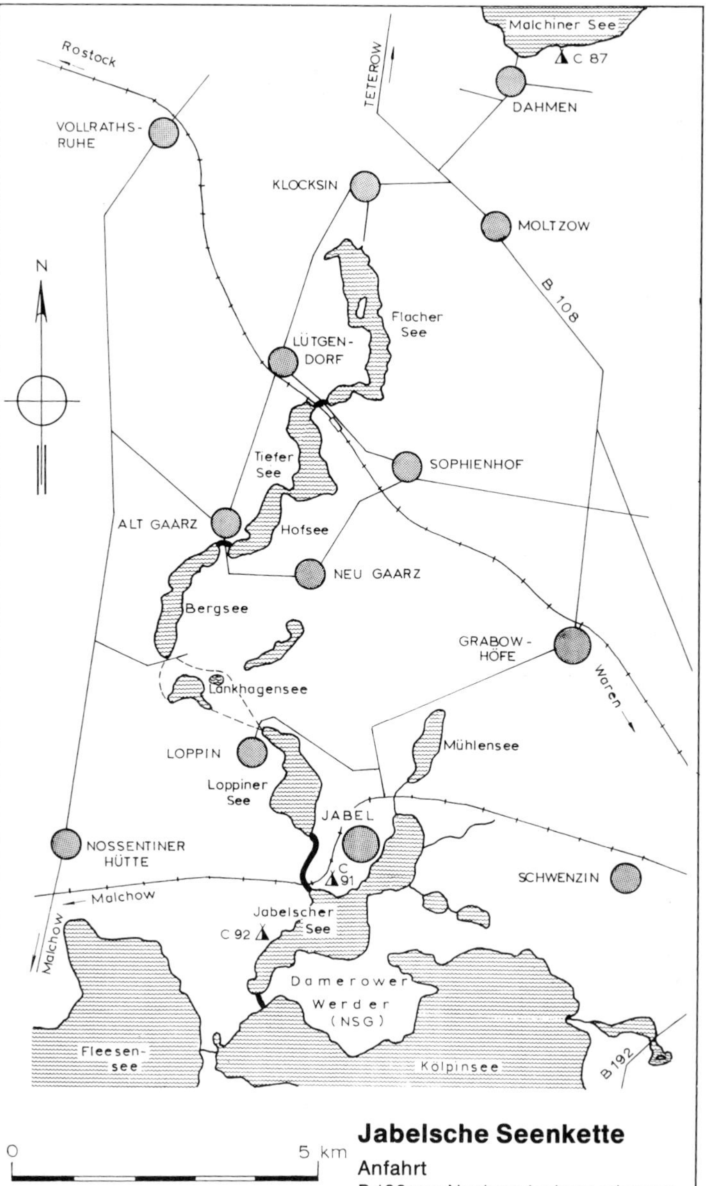

Jabelsche Seenkette

Anfahrt

B 192 von Neubrandenburg oder von BAB 19 (Berlin–Rostock), Abzweig Petersdorf bis Waren, Landstr. Warenshof–Jabel

uns nun entscheiden: Entweder wir treideln unser Boot 800 m in einem Graben durch Wiesen und Schilf (Gummistiefel anziehen!) zum Lankhagensee, der diese Mühe mit dem klaren Spiegelbild der ringsum stehenden Kiefern belohnt. Der zum Bergsee führende Graben ist seit Jahren trocken und muß links umtragen werden. – Oder wir wählen gleich den 1,5 km langen Waldweg rechts um den See herum.

Am Wehr setzen wir in den Bergsee ein und paddeln zwischen bewaldeten Anhöhen etwa 2,5 km bis zur Brücke (Rohr) von Alt Gaarz, wo wir in den Hofsee umsetzen können. Dieser macht nach 1,5 km einen Knick, und wir finden rechts im Schilf den Zugang zum Tiefen See (68 m tief). Durch Treideln oder Umtragen überwinden wir die Eisenbahn- und Straßenbrücke (Bahnhof Sophienhof) und sind im Flachen See (im Nordteil 30 m tief), auf dem wir noch einmal 3,5 km bis zur Badestelle von Klocksin paddeln können. Ganz in der Nähe entdecken wir eine Grabstätte für sechs deutsche Soldaten, die hier 1945, kurz vor Kriegsende, den Tod fanden.

Auf der Rückfahrt umrunden wir die Burgwallinsel und beachten auch die mit 120 m ü.N.N. höchste Erhebung dieser Umgebung, den Wahrenschen Berg, etwa 1,5 km östlich.

Ein weiterer Ausflug führt uns zum alten Bauerndörfchen Jabel. Beim Rundgang kommen wir auch nahe der schönen Dorfkirche (19. Jh.) an der 300jährigen, mächtigen Eibe im Pfarrgarten vorbei, unter der wohl schon der Mecklenburger Dichter Fritz Reuter saß, der hier ein paar Jahre lebte.

Auch gegenüber in Damerow legen wir an und wandern in Richtung Damerower Werder, wo wir an einem Schaugatter bei der Fütterung der seltenen Wisente zusehen können. Diese europäischen Wildrinder leben hier in einem Reservat, das zu den bedeutendsten seiner Art in Europa zählt und natürlich nicht betreten werden darf.

Noch ein Tip: Die nahe Nossentiner Heide ist auch bekannt für ihren großen Heidelbeer- und Pilzreichtum!

Charakter, Tips

Sieben einsame kleine Seen (für Motorboote gesperrt) bilden eine interessante, teils von Wald umgebene, eiszeitliche Rinnenseenkette von 15 km Länge vom Kölpinsee (Tour 30, Elde) bis nach Klocksin. Von da aus sind 6 km Landtransport zum Malchower See (Tour 10, Peene) möglich. Zu- und Abgang zum Lankhagensee (0,8 km und 0,3 km) müssen getreidelt oder umkarrt, die Straßenübergänge zum Hofsee und zum Flachen See umtragen werden. Zu empfehlen ist die Tour im Sommer als Abstecher (1 bis 2 Tage) vom Kölpinsee.

Ausgangspunkt ist der Zeltplatz C 92 (Heidenfriedhof) oder C 91 (Heidberg) bei Jabel oder der Caravanstellplatz (Bootsverleih) bei Damerow. Gaststätten gibt es in Jabel, Damerow, Alt Gaarz und Klocksin. Jabel liegt an der Bahnlinie Waren–Malchow und hat Busverbindung.

Sehenswertes

Jabel: Große Eibe im Pfarrgarten der Dorfkirche.

Karten, Kanu-Literatur

Generalkarte Ost, 1:200 000, Blatt 2; Wasserwanderatlas Mecklenburger Gewässer, 1:100 000, Blatt 47; Touristenkarte Mecklenburger Seenplatte, 1:120 000.

DKV-Gewässerführer für Ostdeutschland, Abschnitt 9.3; Reisehandbuch Mecklenburger Seen, Seite 155.

32

Elde-Stör-Kanal

Plau – Schwerin
90 km
3-Tage-Fahrt
Nebenfluß der Elbe

Diese Tour gehört nicht zu den besonderen wassersportlichen Leckerbissen. Wer sich erholen und nur die Schönheiten der Natur genießen möchte, wer lange Kanäle ohne nennenswerte Strömung, Schleusen und flaches Land langweilig findet, sollte eine andere Fahrt wählen. Wir und viele Gleichgesinnte haben es nicht bereut, auch diesen alten Wasserweg kennenzulernen, der früher für die Handelsschiffahrt zwischen Oder, Havel, Elbe und Schwerin große Bedeutung hatte (bis zum Bau des Mittellandkanals) und heute fast nur noch von Sportbooten und Personendampfern genutzt wird, die wie wir von einem Seengebiet zum anderen fahren.
Wir setzen in Plau gleich hinter der Schleuse ein (km 120) und paddeln gleichmäßig, aber zügig los. Mit dem Zweier erreichen wir etwa 8 km/h, was wir an den Kilometertafeln gut verfolgen können. Sie sind hier und auf den folgenden Etappen auf lange Strecken die einzigen Abwechslungen. Nach 7 km die erste Unterbrechung: Die Schleuse Barkow (km 113) bringt uns schon 3 m tiefer. Hier erkundigen wir uns nochmal nach den Schleusenzeiten der folgenden Anlagen, um unsere Fahrt so einzurichten, daß wir das lästige Umtragen vermeiden können.
Bei Kuppentin paddeln wir durch einen langen, schönen Mischwald (Fahrenhorst) und werden mit der Bobziner Schleuse (km 103) gleich 7 m tiefer gelassen. Nach

Auf dem Plauer See begegnen wir der »Ernst Alban«.

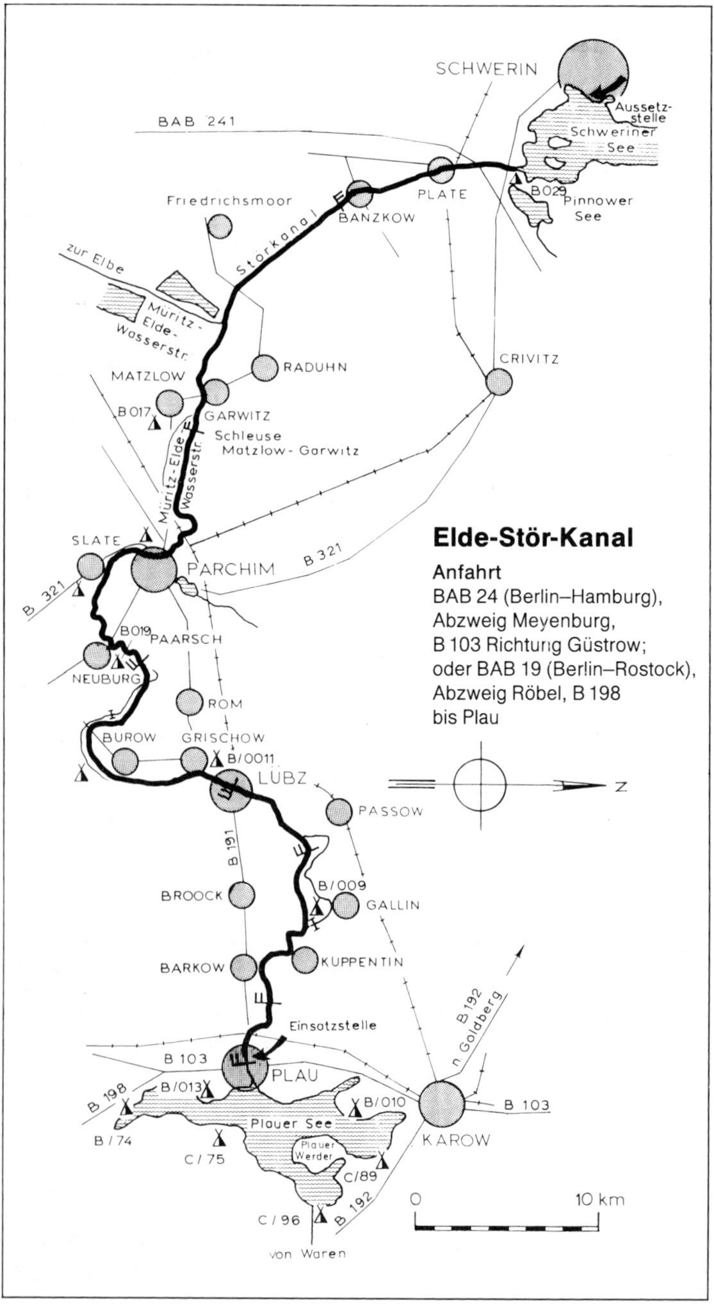

Elde-Stör-Kanal
Anfahrt
BAB 24 (Berlin–Hamburg),
Abzweig Meyenburg,
B 103 Richtung Güstrow;
oder BAB 19 (Berlin–Rostock),
Abzweig Röbel, B 198
bis Plau
SCHWERIN
Aussetz-
stelle
Schweriner
See
BAB 241
PLATE
B 029
Pinnower
See
Friedrichsmoor
BANZKOW
Störkanal
zur Elbe
Müritz-
Elde-
Wasserstr.
RADUHN
CRIVITZ
MATZLOW
B 017
GARWITZ
Schleuse
Matzlow-Garwitz
Müritz-Elde-Wasserstr.
SLATE
PARCHIM
B 321
B 321
B 019
PAARSCH
NEUBURG
ROM
BUROW
GRISCHOW
B/0011
LÜBZ
Z
PASSOW
B 191
B/009
BROOCK
GALLIN
BARKOW
KUPPENTIN
B 192
n. Goldberg
Einsatzstelle
B 103
PLAU
B 198
B/013
B/010
B 103
Plauer See
B/74
C/75
Plauer
Werder
KAROW
C/89
0
10 km
C/96
B 192
von Waren

In Plau beginnt der Elde-Kanal.

22 km Fahrt an der Schleuse Lübz (km 98) legen wir eine verspätete Mittagspause ein, kosten auch von dem berühmten Pils, das hier gebraut wird, und machen einen Einkaufsbummel durch den netten kleinen Ort. Am Zeltplatz rechts nach der Stadt (BO 11) paddeln wir vorbei und suchen uns erst am km 81, etwa 2 km nach der Schleuse kurz vor dem Ort Neuburg, links am Wasserwanderrastplatz einen Zeltplatz.

Auf den nächsten 10 km bis nach Parchim schlängelt sich der Elde-Kanal wieder durch hügeligen Mischwald, und außer dem Schilf am Ufer leuchten uns viele Seerosen entgegen. Das Wasser ist sauber. Verschiedenste Wasservögel leben hier – auch Kanäle müssen nicht reizlos sein. Vor Parchim teilt sich die Elde. Wir halten uns links und nutzen den Aufenthalt an der Schleuse zu einem Bummel durch die alte, für Mecklenburg einst sehr bedeutende Stadt und kaufen ein.

Beim Ort Matzlow (km 67) sehen wir links ein Wehr. Hier beginnt ein Stück der alten Elde, und wenn wir Lust haben und genügend Wasser durchgelassen wird, können wir uns die 5 km bis zum Zeltplatz BO 17 bei Matzlow mit flotter Strömung durch die Wiesen schlängeln. Im schönen Freibad an der Schleuse Garwitz (km 61) und in der Gaststätte »Elderado« lassen wir den Tag ausklingen.

Nach der Schleuse mündet die Elde wieder in den Kanal. 4 km danach zweigt links der Elde-Kanal nach Neustadt–Glewe (Tour 33) ab. Wir paddeln weiter geradeaus in den Stör-Kanal, der seine eigene Kilometrierung hat. Nach 5 km links am Wehr zum Breiten Graben steigen wir aus. Für die Wanderung nach Friedrichsmoor legen wir 1 Stunde Paddelpause ein. Auf einer 3 km langen Eichenallee spazieren wir bis zum dreiflügeligen, barocken Fachwerkschlößchen, das sich die Mecklenburger Herzöge für ihre Jagden in der

Lewitz bauen ließen, als sie noch in Ludwigslust residierten.
Es ist die einzige Siedlung in der Lewitz, einem von zahlreichen Gräben durchzogenen Sumpf- und Waldgebiet mit großen Karpfenteichen. Die Lewitz ist seit 1938 als Naturschutzgebiet Rastplatz für durchziehende Vögel und Brutstätte seltener Arten, wie Fisch- und Seeadler, Milan und Weihe, aber auch Lebensraum vieler vom Aussterben bedrohter Pflanzen.
Noch 6 km paddeln wir auf geradem Kanal durch dichten, sumpfigen Erlenwald bis zur Schleuse Banzkow (1 m bergauf). An der eisernen Zugbrücke von Plate (km 10, Bahnhof der Linie Schwerin–Parchim) legen wir links an und machen Mittagsrast. Wenn wir die Autobahn A 241 unterquert haben, sind es nur noch 3 km, bis wir endlich zwischen Muess und Raben-Steinfeld (Zeltplatz BO 29, Übergang zum Pinnower See in Richtung Warnow, Tour 5, möglich) den Schweriner See erreichen. Die letzten 6 km zwischen der Landzunge von Zippendorf (Fernsehturm) und den Inseln Ziegenwerder und Kaninchenwerder (siehe Tour 4) zum Kanubootshaus des Schweriner Theaters gegenüber der Schloßinsel sind ein schöner Abschluß dieser langen Tour.
Noch ein Tip: 1 km nach der Anlegestelle in der Bucht von Zippendorf lädt die Schweriner Jugendherberge zur Übernachtung ein. Sie liegt dicht beim Zoologischen Garten der Stadt und nur 250 m vom Faulen See entfernt. Dort ist das Bootshaus des sehr aktiven Kanu- und Kleinsegelvereins, der uns ebenfalls Unterkunft und dazu manchen wichtigen Hinweis geben kann.

Charakter, Tips

Der Elde-Stör-Kanal ist eine 90 km lange und 20 m breite kanalisierte Binnenwasserstraße mit Flußkilometrierung. Er weist keine Strömung auf und ist ganzjährig in beiden Richtungen befahrbar, doch muß man sich auf Motorbootverkehr einstellen. Acht Schleusen ohne Bootsschleppe (umtragen möglich, stündlicher Betrieb). Anschluß besteht an Tour 30, Elde bis Plau, mit Weiterfahrt auf den Touren 33, Müritz-Elde-Wasserstraße, und 4, Wallensteingraben).
Zeltplätze: BO 10 Leisten-Karow, am Plauer See; BO 09 Kuppentin; BO 11 Lübz; BO 19 Siggelkow/Neuburg; BO 17 Matzlow-Garwitz; BO 29 Raben-Steinfeld. Bus- und Bahnverbindung sowie Unterkünfte und Gaststätten in Plau, Lübz, Parchim und Neustadt-Glewe. Jugendherbergen in Plau und Schwerin.

Sehenswertes

Plau: Siehe Tour 30.
Lübz: Amtsturm der Eldenburg (1308); Stadtkirche (1570) mit reicher Ausstattung, Backsteingotik.
Parchim: Fußgängerzone; Rathaus; Bürgerhäuser (Backstein); Stadtmuseum; Pfarrkirche St. Georgen (13. Jh.), Backsteingotik, schöne Kanzel.
Friedrichsmoor: Jagdschloß (1791); NSG Niedermoorbecken Lewitz.
Banzkow: Holländer-Windmühle.
Plate: Eiserne Zugbrücke; Dorfkirche; Spritzenhaus.
Schwerin: Siehe Tour 4.

Karten, Kanu-Literatur

Generalkarte Ost, 1:200 000, Blatt 1 und 2; Wasserwanderatlas Mecklenburger Gewässer, 1:100 000, Blatt 18, 19, 20, 24.
DKV-Gewässerführer für Ostdeutschland, Abschnitt 3.13 und 3.13.1; Reisehandbuch Mecklenburger Seen, Seite 164.

33

Müritz-Elde-Wasserstraße

Neustadt-Glewe – Dömitz
47 km
2-Tage-Fahrt
Nebenfluß der Elbe

In der Lewitz oder weiter südlich, am Ostrand der Heidesandlandschaft »Griese Gegend«, können wir noch auf Reste des alten Flußlaufes der Elde stoßen, die nicht mit zur Müritz-Elde-Wasserstraße umgebaut wurden. Dabei wird uns verständich, warum die Elde im 19. Jahrhundert für die aufblühende Wirtschaft Mecklenburgs zwar ein willkommener, aber viel zu langsamer Transportweg war. So wurde sie zunächst schiffbar gemacht und mußte 1867 ihr Wasser

An der Burg in Neustadt-Glewe starten wir zur großen Fahrt.

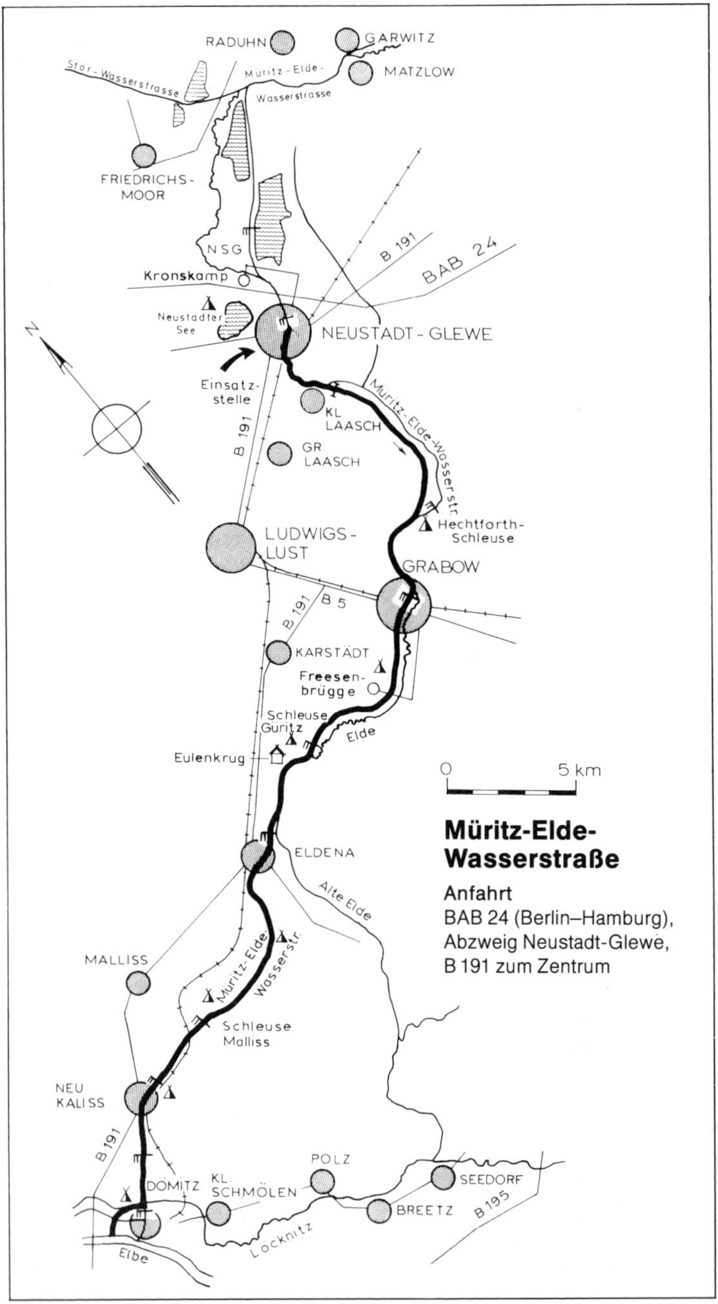

Müritz-Elde-Wasserstraße

Anfahrt
BAB 24 (Berlin–Hamburg),
Abzweig Neustadt-Glewe,
B 191 zum Zentrum

Vor der Mündung in die Elbe fließt die Elde um Dömitz und seine Festung herum.

dem neuen Kanalbett opfern. Zugegeben: Wir paddeln heute auch lieber auf einem sicheren Wasserweg, dessen Ufer, wenn auch oft schnurgerade, doch sehr natürlich geworden sind, als auf den schier endlosen Mäandern des alten Flußlaufes.

Man kann die Tour schon am Abzweig des Stör-Kanals (km 57, Tour 32) beginnen und 10 km auf dem Friedrich-Franz-Kanal erst entlang der Friedrichsmoorer (rechts) und der Neuhöfer Karpfenteiche (links) paddeln. Dazwischen liegt die Schleuse Lewitz, deren 4 m Gefälle von einem kleinen Wasserkraftwerk (1956 erbaut) genutzt werden.

Wir setzen in Neustadt-Glewe (km 46,7) an der Schleuse in der Nähe der Alten Burg ein. Wenn wir Stadt, Industriegebiet und Kläranlage hinter uns gelassen haben, wird die Fahrt schon angenehmer. Nach der Brücke von Klein Laasch (km 43) müssen wir uns entscheiden: Entweder wir setzen am Wehr rechts in die Alte Elde um und paddeln ca. 7 km mit etwas Strömung durch die offene Wiesenlandschaft; oder wir bleiben im Kanal, der am Waldrand entlang zur Hechtforth-Schleuse (km 35,3; Wasserkraftwerk 1921 erbaut) zieht. Kurz danach fließen beide Wasserwege wieder zusammen. Dort (linkes Ufer) gibt es auch eine beliebte Raststätte für Wasserwanderer (mit Zeltplatz).

Vor Grabow halten wir uns rechts und vertrauen uns der Schleuse (km 31,4) an, denn die Alte Elde ist doch viel schwieriger zu paddeln, als es der Wasserwanderatlas vermuten läßt. Grabow, die »bunte Stadt an der Elde«, ist fast ganz von ausgedehnten Kiefernwäldern umgeben. Für den Bau des Rathauses und der anderen schönen alten Fachwerkhäuser der Innenstadt wurde hier oft Klump, der in der Umgebung vorkommende Raseneisenstein, verwendet. Beim Rundgang genehmigen wir uns natürlich auch ein paar »Grabower

Küßchen« aus der hiesigen Lebkuchenfabrik. Der 2 km nach Grabow idyllisch am rechten Ufer gelegene »Eldekrug« in Fresenbrügge ist ein beliebter DKV-Wasserwander-Rastplatz.
Nach der Schleuse Güritz, bei km 23,2, mündet von links die Alte Elde (von Grabow). Darauf folgt bald rechts der »Eulenkrug«, wo wir zelten werden. Später, etwa bei km 20,5 (Wehr links), verläßt uns die Alte Elde endgültig, fließt über sieben Wehre durch ein Wiesental nach Seedorf (bei Lenzen) und mündet dort in die Löcknitz. Wir schleusen noch vor Eldena (km 18,0), paddeln weiter durch einen schönen Kiefernwald und später durch große Wiesenflächen und beobachten viele Rehe und einige Störche. Vor der Schleuse Malliß (km 9,8) zweigt rechts ein Kanal ab. Er führt zum Campingplatz »Wiesengrund«. Bei Neu-Kaliß (km 5,8), an der Schleuse mit dem Namen »Findenwirunshier«, beeindrucken uns die großen Backsteingebäude einer Mühle. Gleich nach dem Ort, vor der Papierfabrik, müssen wir noch einmal schleusen (km 4,9). Kurz vor Dömitz überqueren wir ein seltenes Bauwerk: In einem großen Düker wird die Löcknitz quer unter unserem Kanal hindurchgeführt. Gleich danach an der Schleuse kann man die Fahrt beenden (Bahnhof 0,8 km links, Wasserwanderrastplatz).
Wir haben uns aber die Freude leisten können, die Altstadt von Dömitz zu umrunden. Rechts neben der neugestalteten Schleuse beginnt ein gut befahrbarer Graben, der nach den Bastionen des Festungskomplexes links zur Elbe schwenkt und nahe der ehemaligen Fähre mündet, die durch die wiederhergestellte Autobrücke nun überflüssig wurde. Nur 1 km brauchen wir die Elbe aufwärts zu paddeln, um dann links in den Hafen (zur Schleuse) einzubiegen und unsere Fahrt endgültig zu beenden.

Charakter, Tips

Die Müritz-Elde-Wasserstraße verläuft vom Abzweig Stör-Kanal bis zur Mündung in die Elbe bei Dömitz als 57 km langer und 20 bis 30 m breiter Schifffahrtskanal mit neun Schleusen (24 m Gefälle) durch das Moorgebiet der Lewitz, die ausgedehnten Kiefernwälder um Neustadt-Glewe, Grabow und Eldena am Ostrand der »Griesen Gegend«. Die Fahrt eignet sich als Verbindung zwischen der Tour 32, Elde-Stör-Kanal, und der Elbe.
Campingplätze und Wasserwander-Rastplätze mit gutem Service alle 5 bis 10 km von Neustadt-Glewe bis Dömitz in der Nähe von Schleusen und Ortschaften. Jugendherberge vor Grabow. Bus- und Bahnverbindung entlang der gesamten Strecke.

Sehenswertes

Neustadt-Glewe: Mittelalterliche Wehrburg (Jugendherberge); Schloß (Renaissance/holländischer Klassizismus); Fachwerkhäuser (»Klumphäuser«).
Grabow: Fachwerkbauten; schönes Rathaus; Stadtkirche (13. Jh.), Backsteingotik.
Eldena: Dorfkirche (13. Jh.), ehem. Zisterzienserinnenkloster.
Dömitz: (Stadt im Dreiländereck Mecklenburg–Brandenburg–Hannover) Festung an der Elbe, 16. Jh., eine der besterhaltenen Deutschlands; Fritz-Reuter-Gedenkstätte in der Festung; Heimatmuseum; Marktplatz; Stadtkirche.

Karten, Kanu-Literatur

Generalkarte Ost, 1:200 000, Blatt 1; Wasserwanderatlas Mecklenburger Gewässer, 1:100 000, Blatt 21.
DKV-Gewässerführer für Ostdeutschland, Abschnitt 3.13.

34

Rögnitz

Ludwigslust – Sückau
50 km
2-Tage-Fahrt
Nebenfluß der Sude

Kanutouren in der »Griesen Gegend«, der Heidesandlandschaft zwischen Elde und Sude, zwischen Dömitz und Neustadt-Glewe, werden selten unternommen. Dazwischen liegt die Rögnitz. Kaum ein Paddler konnte uns seine Erfahrungen von diesem Revier mitteilen. Wir fanden keine Touristenkarten, und die Angaben im Gewässerführer erwiesen sich als wenig hilfreich. Auch wegen der jahreszeitlich bedingten Einflüsse wie Pflanzenwuchs und Wasserstand muß man sich eher auf eine Expedition ins Unbekannte vorbereiten. Aber gerade die Besonderheiten und Hindernisse einer Flußfahrt dieser Art bringen uns oft schöne Erlebnisse in einsamer Natur (nichts für »Kilometerschinder« und »Sonntagspaddler«!).

Gries (grau, karg, arm) muß diese Gegend nicht überall sein, aber ein Magnet für Touristen ist sie sicher auch nicht. Die Schmelzwassermengen, die dem Elburstromtal zuflossen, hinterließen hier eine Ebene aus Sandboden und moorigen Niederungen. Wir finden große Kiefernforste sowie ausgedehnte Wiesen und Weiden, und alles ist durchzogen von vielen natürlichen Fließen, alten und neuen Gräben und Kanälen, die für den Paddler leicht zu zeitraubenden Irrtümern werden können.

Die im Gewässerführer empfohlene Einsatzstelle, die »Kreuzung der 14 Alleen« östlich des Schloßparks von Ludwigslust, liegt in einem für Fahrzeuge gesperrten großen Wald. Deshalb haben wir schon 2 km vorher mitten in der

Bei den Wasserspielen am Ludwigsluster Schloß setzen wir ein.

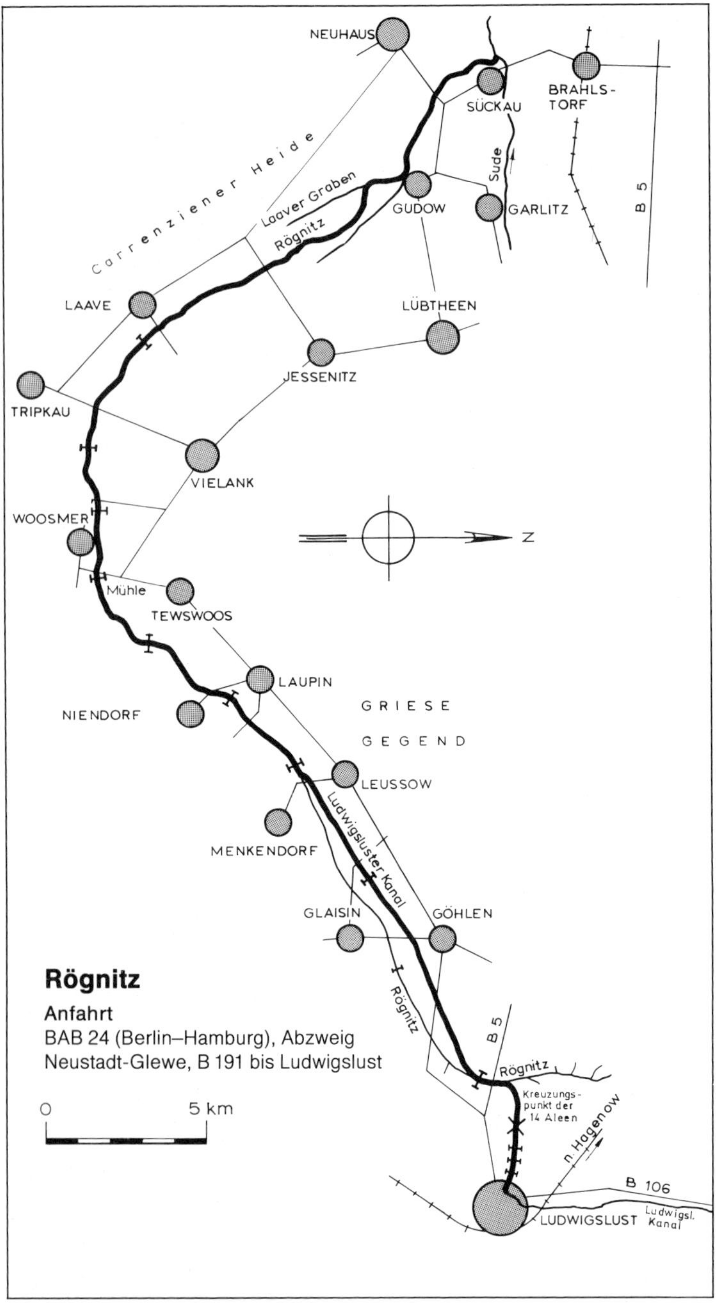

Rögnitz

Anfahrt

BAB 24 (Berlin–Hamburg), Abzweig Neustadt-Glewe, B 191 bis Ludwigslust

Nach Ludwigslust ist die Rögnitz noch schmal und flach.

Stadt gleich nach der Wasserkaskade vor dem Schloßplatz am Beginn des Parks in den Ludwigsluster Kanal eingesetzt. Das bringt uns zwar beim Umtragen einiger Wehre, Springbrunnen und Wasserfälle das Kopfschütteln der Parkbesucher ein, es hat aber auch etwas Besonderes: An Paddler hat P. J. Lenné, der diesen Park vor 140 Jahren gestaltete, bestimmt nicht gedacht! Viele Hindernisse kann man umgehen, wenn man sich gleich am Beginn des Parkes rechts hält und das Boot durch einen 500 m langen Graben bis nach den Wasserspielen treidelt.

Nach 4 km verläßt der Kanal den Wald, unterquert die B 5 und kommt bald danach an einer Wehranlage der von Norden zufließenden Rögnitz sehr nahe. Eigentümlicherweise wechseln dort beide Flußläufe ihren Namen (eine Folge wasserbaulicher Maßnahmen) und fließen nach 10 km parallel durch die Wiesen (je ein Wehr), um sich bei Leussow zu vereinigen.

Bei Niendorf sind dann noch zwei Wehre zu umtragen. An Stellen, wo das Wasser etwas träge fließt, wachsen viele Wasserpflanzen schneller, als uns lieb ist und machen das Paddeln schwer. Leider verlaufen zu beiden Seiten des Flusses von hier bis Gudow (ca. 24 km) Hochwasserschutzdämme, die uns die Sicht in die Umgebung nehmen. An der Woosmer Mühle (25 km) finden wir schließlich einen Platz für unser Zelt. Ein Nachholen des Autos wäre hier nur schwer möglich.

Die folgende, in etwa gleich lange Etappe führt uns fast nur durch weite Wiesen und Moorlandschaft. Linker Hand zieht sich die langgestreckte Hügellandschaft der Carrenziener Heide hin, ein großer Kiefernwald mit vielen Wanderwegen zwischen Tripkau und Neuhaus. Ein Wappenschild auf der Brücke von Tripkau macht uns darauf aufmerksam, daß die Rögnitz hier ein »Grenzfluß« ist und der sogenannte »Neuhäuser Streifen« links seit 1993 wieder (wie bis 1945) zu Niedersachsen gehört. Dahinter liegt das weite Elbtal.

Erst nach der halben Strecke wird die Rögnitz wieder von einer großen Landstraße (nach Lübtheen) überquert, und erst nach 18 km fließt sie durch das erste kleine Dorf, Gudow. Nur drei Wehre (in der ersten Hälfte) haben wir zu umtragen, und da die Rögnitz hier bei gutem Wasserstand und wenig Hindernissen doch meist auch eine angenehme Strömung hat, treffen wir schon nach ca. 6 Stunden Paddelzeit in Sückau ein. Hier legen wir 200 m vor der Mündung in die Sude rechts an und beenden die Tour.

Fährt man bis zur Mündung, hieße das: entweder 100 m stromaufwärts bis zur Straßenbrücke (Zeltplatz) oder auf der Sude noch 22 km bis nach Boizenburg (Tour 35) paddeln.

Unser Auto holen wir nach, indem wir evtl. per Anhalter nach Brahlstorf (4 km) und von da per Bahn (oder zur B 5 nach Vellahn, 8 km, und von da per Bus) nach Ludwigslust zurückfahren.

Ist es noch weit bis zur Sude?

Charakter, Tips

Die Rögnitz hat von Ludwigslust-Zentrum (23 m ü.N.N.) bis zur Mündung in die Sude bei Sückau (8 m ü.N.N.) auf 50 km 15 m Gefälle und dabei auf den ersten 35 km acht Wehre; von der Mündung in die Sude bis Boizenburg (Tour 35) sind es noch 20 km ohne Wehr. Wasserstandsabhängig ist der Fluß im Frühjahr auch im Zweier zu befahren. Im Sommer muß teilweise mit starkem Pflanzenwuchs gerechnet werden. Mögliche Einsatzstellen sind im Schloßgarten von Ludwigslust, an der Brücke der B 5 westlich von Ludwigslust sowie an der Brücke der Landstraße Warlow-Weselsdorf.

Es gibt keine offiziellen Zeltplätze. Nur kleine Orte an der Strecke, oft in großem Abstand vom Fluß. Bahn- und Busverbindung besteht nur in Ludwigslust und Boizenburg.

Sehenswertes

Ludwigslust: (1757–1837 Mecklenburger Residenz) barock/klassizistische Palaisbauten; Schloß; Schloßkirche; größter Park Mecklenburgs.

Karten, Kanu-Literatur

Generalkarte Ost, 1:200 000, Blatt 1. Gewässerführer für Ostdeutschland, Abschnitt 3.11.3.

35

Sude

Dümmerstück – Boizenburg
_80 km_
3-Tage-Fahrt
Nebenfluß der Elbe

Wenn die Sude den schönen langgestreckten Dümmer See verläßt, schlängelt sie sich zunächst als kleiner Wildbach nur wenig gezähmt durch flache Feld- und Wiesenlandschaft 30 km lang südlich an Hagenow vorbei. Nachdem ihr dort viele Bäche aus den umliegenden großen Wäldern zugeflossen sind, erreicht sie als starker

Zeltplatz am Dümmer See.

Begradigter Lauf der Sude an der Landstraße bei Hagenow.

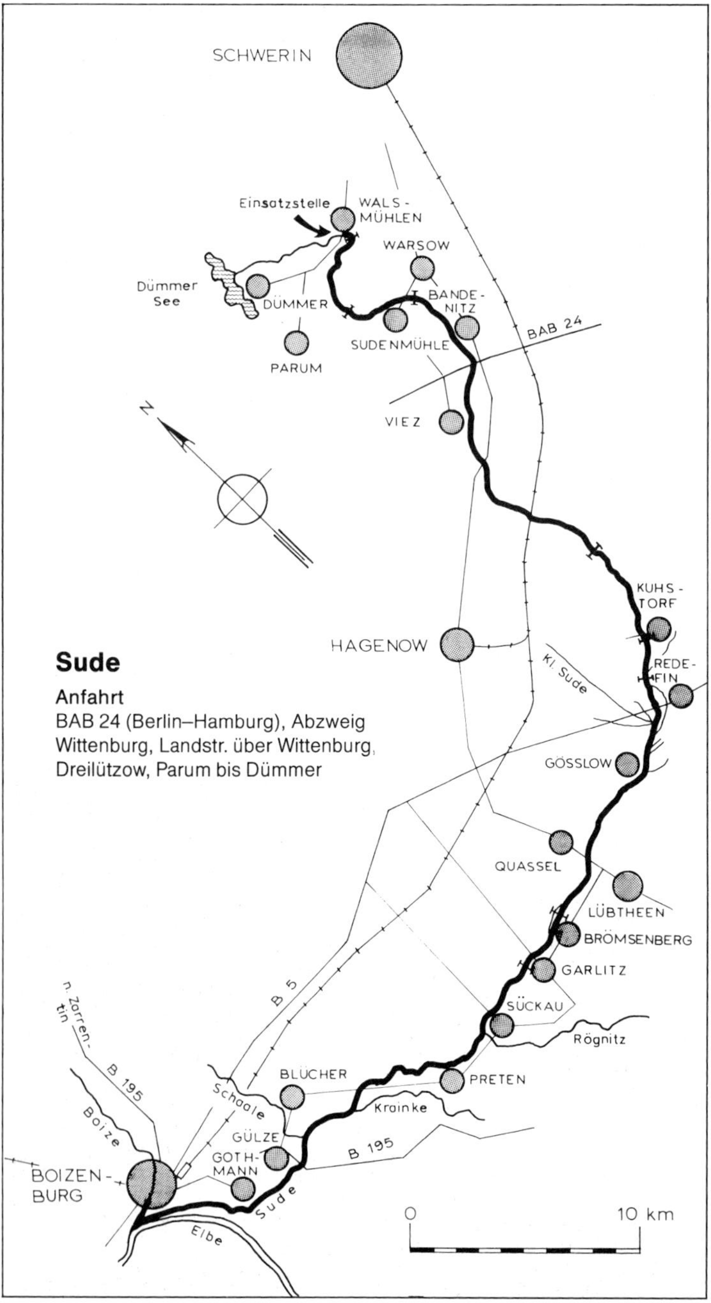

Sude

Anfahrt

BAB 24 (Berlin–Hamburg), Abzweig Wittenburg, Landstr. über Wittenburg, Dreilützow, Parum bis Dümmer

Fluß bei Redefin die »Griese Gegend« (siehe Tour 34, Rögnitz), wendet sich aber gleich nach Westen und zieht nach Mündung der Rögnitz als breiter Strom durch ein weites Niederungsgebiet. Da kommt ihr die Elbe ein Stück entgegen, um sie bei Boizenburg aufzunehmen. Landschaft und Fluß sind der Rögnitz ähnlich, nur ist die Sude besonders im Oberlauf natürlicher, mit den dazugehörigen Überraschungen wie wechselnder Wasserstand, schnelle Strömung, Mäander, Pflanzen- und Baumhindernisse.

Wir zelten im »Campingpark Anne« am Dümmer See und unternehmen eine Rundfahrt auf dem 4 km langen, buchtenreichen See, einer Perle dieser Landschaft. Die Sude beginnt am Ostufer beim Fischer von Dümmerstück. Auch der kann sich nicht erinnern, daß man hier jemals paddeln konnte – höchstens ab Walsmühlen.

Es ist Sommer – wir setzen lieber gleich nach der Sudenmühle ein und verzichten damit auf die ersten 13 km. Bald kommt von links ein Fluß vom Ort Warsow hinzu, und bis zum »Roten Krug« von Radelübbe haben wir recht flotte Fahrt durch die Windungen im Wald. Dort tragen wir um (Rohr nach der Brücke beachten!), was hier wie an den folgenden Wehren immer erst eine Erkundung voraussetzt, denn auf Paddler haben sich die Anlieger bisher nicht eingerichtet. Die Schlängelei geht weiter durch die Bandenitzer Tannen (Kiefernwald), unter der Autobahn A 24 (Hamburg) hindurch bis zur Mühle von Viez.

Von hier fließt die Sude nun breiter und meist gerade, aber immer tief genug durch die Wiesen. An Stellen, wo sie langsamer dahinzieht, nimmt der Pflanzenwuchs zu. Bis zum Wehr von Kuhstorf (km 36, 1 km nach Mündung des Strohkirchener Baches von links) haben wir 23 anstrengende Kilometer zu-

Nach Kuhstorf ist die Sude schon ein ansehnlicher Fluß.

rückgelegt und suchen uns nach der Brücke links einen Zeltplatz.
Die folgenden 4 km paddeln wir zügig bis zu einem Doppelwehr. Hier zweigt links die Sude (wenig Wasser, viele Pflanzen) ab und fließt dicht am Ort Redefin vorbei. Rechts verläuft die Rotenfurt weiter, die nach der Straßenbrücke (B 5) noch die größere Kleine Sude (von Hagenow) aufnimmt. 3 km nach dem Wehr vereinigen sich beide Ströme zu einem breiten Fluß. Wir fahren links die Sude, halten an der Brücke zu einem morgendlichen Einkaufsbummel und 600 m danach noch einmal, um uns die historischen Anlagen und die prächtigen Pferde des weltbekannten Redefiner Gestüts anzuschauen.
In Gößlow (km 46) hat sich ein 80 m langer Stau von gemähtem Uferkraut an der Brücke gesammelt – also wieder umtragen. In Neumühle/Brömsenberg, gleich nach der Landstraße von Lübtheen (nach Quassel), noch so ein Stau. Aber dort müssen wir das Wehr sowieso umtragen und setzen noch vor der Mühle ins rechte Fließ um, das den Ort parallel umgeht. Bald nach der Brücke von Garlitz (km 54) wird die Sude eingedämmt. Noch ein Wehr ist zu umtragen, und wir erreichen Sükkau (km 59), wo wir links nach der Brücke, kurz vor der Mündung der Rögnitz (Tour 34), eine Zeltmöglichkeit finden.
Die folgenden 22 km bis zum Sperrwerk von Boizenburg fließt die Sude ungehindert schiffbar in Richtung Elbe, nimmt noch die Krainke (links, km 65, befahrbar von Tripkau über Neuhaus, Naturschutzgebiet) und die Schaale (rechts, km 70, Tour 36) auf und wird dabei immer breiter (bis zu 40 m).
Gleich nach dem Sperrwerk biegen wir nach rechts in den Hafen ein, paddeln an der großen Werft für Flußfahrgastschiffe vorbei und beenden an der Mündung der kleinen Boize (von Boize bei Zarrentin, kaum befahrbar) unsere Tour.
Hier ist es nicht weit zu dem ganz von Wasser umgebenen alten Stadtkern und zum Bahnhof. Um unser Auto nachzuholen, fahren wir mit dem Zug über Hagenow in Richtung Schwerin bis Zachun und haben dann noch 3 km Landweg bis Radelübbe oder 6 km bis zur Sudenmühle.

Charakter, Tips
Die Sude beginnt am Dümmer See (östlich von Schwerin) in 45 m ü.N.N. und ist bei sehr gutem Wasserstand im Frühjahr ab Walsmühlen (km 5) befahrbar, sonst ab Sudenmühle (km 13) oder »Roter Krug« (Radelübbe, km 15). Im Oberlauf gute Strömung, nur kurze Strecken begradigt, sonst bis Viez (km 24) stark gewunden (Mäander). Im Sommer gibt es viele Wasserpflanzen. Die Sude mündet bei Boizenburg (Hafen, km 81) in die Elbe. Evtl. Weiterfahrt auf der Elbe Richtung Lauenburg. »Campingpark Anne« am Dümmer See; Zeltmöglichkeiten an den Mühlen. Bahnverbindung Boizenburg–Hagenow–Schwerin. Straßen- und Busverbindung schwierig, teilweise weit entfernt.

Sehenswertes
Redefin: (Ehem. herzogliches Gestüt, Hengstdepot) klassizistische Anlagen (19. Jh.); im September Hengstparaden (Schauvorführungen).
Boizenburg: Werft für Flußfahrgastschiffe; Stadtkirche (barock/neugotisch); Fachwerkhäuser; Rathaus (1711).

Karten, Kanu-Literatur
Generalkarte Ost, 1:200 000, Blatt 1.
Gewässerführer für Ostdeutschland, Abschnitt 3.11.

36 Schaale

Zarrentin – Boizenburg
41 (56) km
3-Tage-Fahrt
Nebenfluß der Sude

Der Schaalsee war für Mecklenburger Paddler fast eine Generation lang, bis 1990, tabu – er lag in der Sperrzone der Ost-West-Grenze. Der Länge nach zog sich durch dieses herrliche Gewässer von Zarrentin bis Dutzow die Zonengrenze, heute noch erkennbar an häßlichen Wachtürmen und an der Grenze des »Naturparks Schaalsee«.

Im Schutze der langjährigen Unzugänglichkeit dieses Gebiets haben sich an den Klarwasserseen breite Schilfröhrichte erhalten. In den Feuchtwiesen, Mooren und Bruchwäldern finden gefährdete Tierarten wie Fischotter, Kranich, Seeadler und Sumpfschildkröte ihren Lebensraum, und auch botanische Schönheiten wie Sonnentau, Wollgras, Orchidee und Schlüsselblume kommen hier vor. Wassersportler haben deshalb die neuen Sperrzonen und Verbote zu respektieren – diesmal zum Schutz der Natur (Informationen durch die Naturparkverwaltung Schaalsee, 19246 Lassahn, Stintenburg, Tel. 038858/2 15).

Wir setzen unsere Boote an der Badestelle von Zarrentin am Südufer ein und paddeln am Westufer entlang nordwärts am Ort vorbei. 5 km weiter, am Zeltplatz von Großzecher, finden wir zwischen vielen Wohnwagen auch ein Plätzchen für unser Zelt und haben so eine Basis für eine Tagestour auf dem See.

Sie führt uns weiter um die Halbinsel Werder mit der Spitze »Teufelsbrücke« nach Dargow

Ein Grenzwachturm – Zeuge einer unseligen Vergangenheit.

(6 km, Weiterfahrt über Salemer See–Schaalsee-Kanal nach Ratzeburg möglich, 10 km). Nun paddeln wir ostwärts an den Mischwaldhügeln (Bergholz) vorbei zur kleinen Insel Rehwiese (nicht zu betreten!) zum Lassahner See. Den Niendorfer See lassen wir aus, denn die Inselkette vor dem Bernstorfer See und damit die gesamte Ostseite liegt in der Naturschutz-Sperrzone.

Am Badestrand (Anlegesteg) von

Schaale

Anfahrt
BAB 24 (Berlin–Hamburg),
Abzweig Wittenburg,
Landstr. über Wittenburg,
Zarrentin nach Großzecher

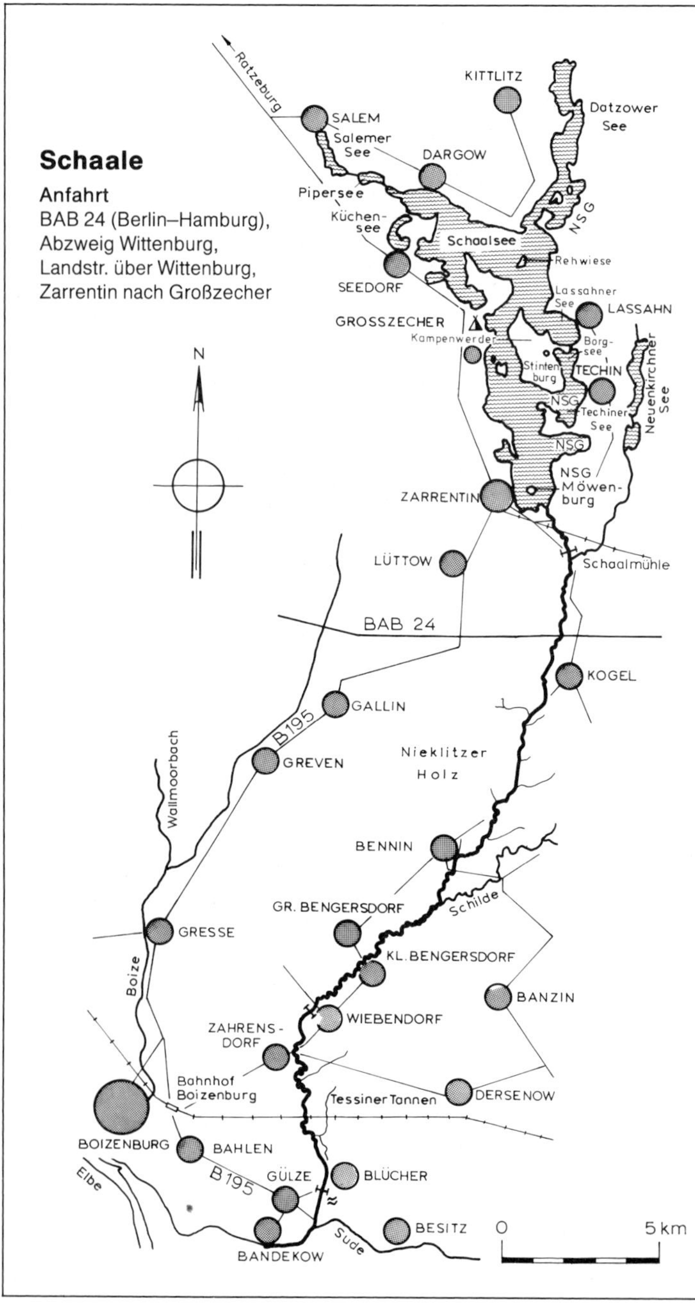

Bald wird sich die Schaale mit der Sude vereinigen.

Lassahn legen wir an und gehen zum Ort hinauf. Wir genießen den weiten Ausblick über den herrlichen See von der Abanauskirche aus und bekommen im »Schaalseetreff« ein gutes Essen. Rechts von der Durchfahrt zum Borgsee legen wir noch einmal an zu einem Rundgang auf Kampenwerder (Stintenburg). In der Naturparkverwaltung (Baracke, Informationsausstellung) erfahren wir, daß eine Rundfahrt um die Insel über den Techiner See nicht gestattet ist, um die in diesem Bereich brütenden Seeadler nicht zu stören.

Früh am Morgen beginnen wir die folgende Etappe, denn auf der Schaale müssen wir mit Verzögerungen rechnen. Hinter der kleinen Insel Möwenburg (NSG) finden wir die Einfahrt, und die 2 km bis zur Schaalmühle lassen sich gut paddeln. Danach, besonders nach Zufluß des Hammerbaches (vom Boissower See), haben wir flotte Fahrt. Zwar werden wir durch Hindernisse wie Stege und Zäune bei Kölzin aufgehalten und haben nach der Autobahnbrücke viele Baumhindernisse in den ausgedehnten Kiefernwäldern zwischen Kogel und Bennin zu überwinden. Dabei müssen wir auch oft Steine im Flußbett beachten. Wir zählten 19 Umtragestellen auf 13 km! Am Sportplatz, kurz vor der Straßenbrücke rechts, bauen wir unser Zelt auf.

Nach dem Zusammenfluß mit der Schilde (vom Woezer See, Einsatzstelle in Döbbersen bei gutem

Wasserstand, 30 km, oder von Camin, 10 km, befahrbar, stark mäandrierend, Waldlandschaft mit vielen Hindernissen) fließt die Schaale stärker, die Hindernisse werden geringer, und wenn sie den Wald verläßt, windet sie sich in großen Mäandern durch die Wiesen (ein Wehr). Nach 11 km legen wir an der Straßenbrücke der B 5 an und machen Mittag in Zahrensdorf (rechts).

Noch 6 km paddeln wir durch die Mäander und finden sie bald nicht mehr so lustig. Noch trostloser ist dann aber die kanalisierte Schaale bis zur Mündung in die Sude (ein Wehr befahrbar, siehe Tour 35), der wir ein Stück nach rechts folgen.

2 km nach der Mündung, an der Brücke bei Bandekow, beenden wir unsere Tour. Per Anhalter und Bus gelangen wir auf der B 195 über Bahnhof Boizenburg zurück nach Zarrentin.

Nun aber raus mit dem Boot! – Wohl dem, der so nett an Land gezogen wird!

Charakter, Tips

Schaalsee: Tiefster See der norddeutschen Tiefebene (max. 72 m), größte Ausdehnung (Nord-Süd) 11 km, stark gegliedert, mehrere Nebenseen und Inseln, Naturpark mit einigen gesperrten Abschnitten (NSG auf der Ostseite, ehem. Zonengrenze) für Motorboote verboten, privatisierte Abschnitte auf der Westseite (Befahrung nur gegen Gebühr, für DKV-Mitglieder mit Ausweis und Kennzeichnung der Boote frei). Einsatzstelle: Zarrentin-Badestrand. Zeltplatz: Großzecher (Westufer). Bahnverbindung nach Hagenow.

Schaale: Vom Schaalsee (34 m ü.N.N.) bis zur Mündung in die Sude (8 km vor deren Mündung in die Elbe) 33,5 km bei 28 m Gefälle, mit sehr natürlichem, wasserstandsabhängigem Lauf (bei Anreise nach Zarrentin vorher an der Schaalmühle ansehen, nach Erlaubnis zur Durchfahrt des Ausflusses aus dem Schaalsee, NSG, an der Mühle fragen!). Fließt abwechselnd durch Wiesen und Wälder, im Oberlauf sehr viele Hindernisse (Bäume, Zäune, Stege). Nur im Kunststoffeiner befahrbar, ab Schilde-Mündung (nach Bennin) ganzjährig mit allen Bootstypen möglich, aber sehr stark mäandrierend. 3 km vor der Mündung schiffbar (kanalisiert).

Sehenswertes

Zarrentin: Zisterzienserinnen-Klosterkirche (1250).
Lassahn: Abanauskirche, Fachwerk-/Feldsteinbau; Stintenburg auf der Insel Kampenwerder; Schloßruine der Grafen von Bernstorf; Naturparkverwaltung mit Informationsausstellung.
Bennin: Dorfkirche, Fachwerk mit Holzturm.

Karten, Kanu-Literatur

Generalkarte Ost, 1:20 000, Blatt 1.
Gewässerführer für Ostdeutschland, Abschnitt 3.11.1 und 4.2.1.

Weiterführende Literatur

Allgemeine Informationen

AUTORENKOLLEKTIV: Mecklenburger Seen – Tourist-Reisehandbuch. Tourist Verlag, Berlin 1982

DEHIO: Handbuch der deutschen Kunstdenkmäler – Bezirke Neubrandenburg, Rostock, Schwerin. Akademie-Verlag, Berlin 1975

DEUTSCHER KANU-VERBAND: DKV-Gewässerführer für Ostdeutschland. DKV-Verlag, Duisburg 1991

DEUTSCHER KANU-VERBAND: DKV-Kanu-Sport-Programm (erscheint jährlich). DKV-Verlag, Duisburg

DEUTSCHER KANU-VERBAND: »Kanusport«, Amtliches Nachrichtenorgan des DKV (erscheint monatlich). DKV-Verlag, Duisburg

DKSV DER DDR: »Der Kanusport«, Mitteilungsblatt des DKSV der DDR (erschien monatlich bis Juni 1990)

GILSENBACH: Schönheit der Flüsse und Seen. Greifenverlag, Rudolstadt 1976

HAGEN: Baden ohne – FKK. Tourist-Verlag, Berlin 1982

KOCH/MEUCHE: Mecklenburg-Vorpommern, Regional- und Freizeitführer. VSA-Verlag, Hamburg 1991

LEWANDOWSKI: Merian live Mecklenburg-Vorpommern. GU-Verlag, München 1993

MAUNDER: Reisetips von A–Z, Mecklenburgische Seenplatte, Mecklenburger Schweiz. Hayit-Verlag, Köln 1993

NEJEDLY: Kanuwandern in Deutschland – 50 klassische Touren. BLV-Verlag, München 1991

OEHRING: Kanuwandern in Deutschland. DKV-Verlag, Duisburg 1989

WOLLETZ: 1000 Ausflugsziele in Mecklenburg-Vorpommern. Dreves-Verlag, Rendsburg 1991

Karten, Wanderführer

Generalkarte 1 : 200 000 – Deutschland Ost, Blatt 1: Schwerin; Blatt 2: Rostock; Blatt 3: Neubrandenburg. Mairs Geographischer Verlag

Deutsche Detailkarte 1 : 250 000, Nr. 8, Mecklenburg-nördl. Mark Brandenburg. Falk-Plan 1991

Touristenkarten mit Angaben für den Wassersport: 1 : 120 000, Mecklenburger Seenplatte; 1 : 150 000, Uckermark-Untere Oder; 1 : 150 000, Usedom-Wollin; 1 : 100 000, Berlin-Nord; 1 : 30 000, Feldberger Landschaft; 1 : 50 000, Rheinsberger Landschaft. Tourist-Verlag, Berlin 1989–1994

Wasserwanderatlas 1 : 100 000: Teil Märkische Gewässer; Teil Mecklenburger Gewässer und Boddengewässer. Tourist-Verlag, Berlin 1992–1994

Wanderatlanten, Tourist-Verlag, Berlin:
VOIGTLÄNDER: Müritzgebiet, 1979
LÖSCHBURG/RIEDEL: Rheinsberg-Neuruppin, 1981

Wanderhefte, Brockhaus/Tourist-Verlag, Berlin-Leipzig:
BARBY: Feldberger Seen, 1974
HANKE: Neustrelitzer Seengebiet, 1979
SCHREINER: Müritzgebiet, 1973
RÖHNISCH/WENDTLANDT: Templin-Lychen, Prenzlau-Uckeseen 1973

Wassersportwanderkarte 1:550 000, Ostdeutschland-Nord, Teil 6. Büro für Kartographie Jübermann, Uelzen

Prospekte: Landesfremdenverkehrsverband Mecklenburg-Vorpommern e. V. Tel. 0381/44 84 24, Platz der Freundschaft 1, 18059 Rostock

Aufbruch zu neuen Ufern

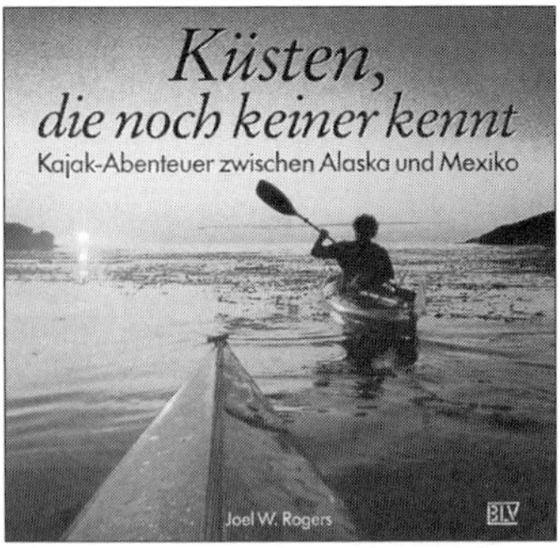

Joel W. Rogers
Küsten, die noch keiner kennt
Kajak-Abenteuer
zwischen Alaska und Mexiko
Abgeschiedene Naturparadiese aus der Sicht eines Kajakfahrers entdecken: Naturbeobachtungen, Geschichte, Abenteuer und Reflexionen mit faszinierenden Farbfotos und aktuellen Praxisinformationen.

Heinrich Nejedly
Kanuwandern in Deutschland
50 klassische Touren zwischen Rhein und Spree, Alster und Inn
Touren in ganz Deutschland mit aktuellen Tourenbeschreibungen, exakten Flußskizzen, Informationen über Sehenswertes, Zeltplätze und vieles mehr.

Heinrich Nejedly
Kanuwandern in Süddeutschland
30 ausgewählte Flüsse in Bayern und Baden-Württemberg
Vorschläge für 4 Tagesfahrten, 18 mehrtägige Fahrten und 8 Ferienfahrten mit ausführlichen Beschreibungen, Flußverlaufsskizzen und vielen Fotos.

Otto von Stritzky / Marja de Pree
Paddel-Handbuch
Wandern auf Salz- und Süßwasser
Umfassendes Handbuch mit allen erforderlichen Kenntnissen für Einsteiger und fortgeschrittene Bootswanderer, ergänzt durch aktuelle Tips, Anregungen, spannende Erlebnisberichte und anschauliche Skizzen.

Heinrich Nejedly
Kanuwandern in Österreich, Böhmen und Mähren
38 ausgewählte Touren zwischen Riesengebirge und Alpen
Kanutouren auf Flüssen und Seen: 20 Vorschläge in Österreich, 18 in Böhmen und Mähren; aktuelle Streckenbeschreibungen mit Fotos und Flußverlaufsskizzen; Sehenswertes, Zeltmöglichkeiten.

Jürgen Gerlach
Kanufahren in den Alpen
40 ausgewählte Wildwasserflüsse in Deutschland, Österreich, Schweiz, Italien, Frankreich, Slowenien
Ausgewählte Touren für fortgeschrittene Wildwasserfahrer auf den schönsten Gewässern in den Alpen: präzise Routenbeschreibungen, Flußverlaufsskizzen und Informationen zu Schwierigkeitsgrad und Sicherheit.

Im BLV Verlag finden Sie Bücher zu folgenden Themen: Garten und Zimmerpflanzen • Natur • Heimtiere • Jagd • Angeln • Pferde und Reiten • Sport und Fitneß • Tauchen • Reise • Wandern, Bergsteigen, Alpinismus • Essen und Trinken • Gesundheit, Wohlbefinden, Medizin

BLV

Wenn Sie ausführliche Informationen wünschen, schreiben Sie bitte an:
BLV Verlagsgesellschaft mbH • Postfach 40 03 20 • 80703 München
Telefon 089/12705-0 • Telefax 089/12705-543